AF493725

CONSIDÉRATIONS

SUR L'INSTITUTION

DU MINISTÈRE PUBLIC.

IMPRIMERIE DE MADAME JEUNEHOMME-CREMIÈRE,
RUE HAUTEFEUILLE, N° 20.

CONSIDÉRATIONS

SUR L'INSTITUTION

DU MINISTÈRE PUBLIC,

DANS LE SYSTÈME

DE L'ACCUSATION JUDICIAIRE,

D'APRÈS LES LÉGISLATIONS ANCIENNES, LE DROIT CRIMINEL ACTUEL EN FRANCE, ET LES PRINCIPES DE LA CHARTE.

PAR M. C.-J. ROBILLARD,

Juge au tribunal de première instance de Gien.

Plus un gouvernement, par sa nature, élève la dignité de l'homme et met de prix à sa liberté, et plus la sollicitude des citoyens doit se porter sur ce qui intéresse les droits de l'humanité, le soulagement de l'infortune.

DUPIN, *Observations sur plusieurs points importans de notre législation criminelle*, p. 256.

A PARIS,

Chez Madame SEIGNOT, Libraire, quai Saint-Michel.

1821.

AVANT-PROPOS.

En parcourant les *Annales judiciaires*, j'ai plus d'une fois eu l'occasion de déplorer les résultats funestes des erreurs de la justice. Un accusé condamné sur des preuves incertaines, les préjugés ou l'opinion populaire l'emportant sur les incertitudes, l'innocent immolé pour le coupable, furent les suites trop fréquentes des vices de l'ancienne législation (1).

Aujourd'hui ces exemples douloureux sont rares, grâce au système de nos lois nouvelles qui ont mis l'accusé à l'abri de la passion des juges et de leurs fausses préventions.

Cependant notre Code criminel, bien qu'il soit préférable à celui des na-

(1) V. le *Voltaire*, édition de M. Beuchot, la relation de la mort du chevalier de La Barre, et les notes de M. B.... qui contiennent des détails d'un grand intérêt, p. 339 du 23e volume.

tions voisines, n'a pas atteint le degré de sagesse où, par les soins du gouvernement, il doit parvenir.

L'intérêt de l'humanité réclame des dispositions plus ménagères des libertés sociales, plus amies de la tranquillité et du bonheur du peuple.

Dans un état constitutionnel, la jouissance des droits civils, dans une pleine sécurité, est la prérogative des citoyens. L'exercice des poursuites judiciaires les blesserait s'il n'était assujéti à des mesures fixes. Il faut donc l'organiser de manière à ce que nul ne soit troublé par le pouvoir destiné à assurer son repos.

Le pouvoir judiciaire est au contraire le véritable lien des institutions sociales. « Mais, a dit Louis XVI dans
« sa proclamation du 15 janvier 1792,
« c'est par l'action redoutable qu'il
« exerce contre le crime et ses au-
« teurs, que ce pouvoir tutélaire in-
« téresse, d'une manière plus immé-
« diate ou plus profonde, non seulement

« la société en géneral, mais chacun de « ses membres en particulier. »

De bonnes lois sur notre système d'accusation, et des magistrats qui aient acquis sur ses théories des doctrines certaines, fruit de constantes ét d es, voilà quels doivent être les vœux de tous les amis de la prospérité publique.

Le ministère public est la partie essentielle et active dans les procès criminels : de lui dépend souvent le sort des accusés. La poursuite judiciaire a donc besoin de directions sages et assurées.

J'ai fait un choix de principes destinés à régulariser l'action criminelle, et j'en ai composé un ouvrage qui ne me semble pas devoir être sans intérêt dans la pratique (1).

Cependant, comme en ce moment cette institution, qui a existé pendant

---

(1) *De l'Accusation judiciaire en France.* 2 v. in 8. Il sera ouvert une souscription.

cinq siècles à la satisfaction de la France, est attaquée par les publicistes de nos jours qui voudraient la détruire, j'ai pensé que l'effet de cette destruction serait de remettre dans les mains de chaque citoyen le droit d'actionner directement les prévenus, de faire ainsi renaître ces accusations publiques qu'à Rome, surtout, l'injustice a déshonorées, ou bien, enfin, de priver les crimes de poursuites.

J'ai craint le retour de dangereux systèmes déjà proscrits, et j'ai publié ces observations dans la seule vue du bien public, de l'ordre et de l'harmonie de l'état.

CONSIDÉRATIONS

SUR L'INSTITUTION

DU MINISTÈRE PUBLIC,

ET SUR LE SYSTÈME

DE L'ACCUSATION JUDICIAIRE.

CHAPITRE PREMIER.

De la Législation criminelle jusqu'après l'Assemblee constituante.

IL en est de la législation comme de toutes les institutions sociales ; leur perfection est l'œuvre du temps (1). La philosophie n'aperçoit

(1) Pourquoi faut-il que de toutes les connaissances humaines, celles qui concernent la législation soient plus longues à acquérir, et qu'elles soient infiniment plus longues encore à passer dans les lois, de manière que la législation d'un peuple se trouve souvent infiniment au-dessous de ses connaissances et de ses lumières? — M. LETROSNE.

Il a fallu la lente succession des temps pour convaincre qu'il y a des nuances entre les crimes et qu'il peut donc y en avoir entre les peines. Il a fallu une révolution, dit J.-J. Rousseau, pour ramener au sens commun.—*Théorie des lois criminelles de* CHAUSSARD.

cette perfection qu'après de longues méditations; elle ne découvre qu'à travers les épreuves de l'expérience les moyens de l'assurer. A-t-elle préparé d'utiles travaux pour améliorer les systèmes de l'organisation civile, les soins extérieurs de l'état, et la politique intérieure en retardent souvent l'exécution, tant est lente et entravée la marche des opérations destinées à la prospérité des peuples! mais l'esprit public a un pouvoir irrésistible, et tôt ou tard ses voeux s'accomplissent.

Les coutumes qui régirent long-temps la France, n'avaient existé pendant plusieurs règnes que dans la mémoire des juristes. Charles VII les fit rédiger; et, le premier, il eut la pensée d'en former un corps régulier. Louis XI exprima, mais en vain, la pensée qu'elles fussent insérées dans un beau livre. Sous Henri III, Lamoignon médita sans fruit ce dessein vaste et difficile. Au dix-huitième siècle, le royaume réclamait encore ce bienfait. Le projet de réduire les lois civiles à un seul Code, ne s'est réalisé que de nos jours. Les jurisconsultes, les plus éclairés furent appelés à concourir à ce travail. Sous leurs mains, s'est élevé ce monument qui fait tant d'honneur à la science et à la raison, le Code civil, qui, pour être à l'abri de toutes critiques, demanderait qu'une main habile le retouchât dans quelques-unes de ses parties.

Il en fut de même de la législation criminelle. Dans l'origine de la monarchie, elle etait assortie aux mœurs des Francs (1) Cette nation qui semblait ne reconnaître de vertu que celle de l'épée, indifférente sur les délits ordinaires. etait inflexible sur le manque de bravoure. Les formes de l'accusation et du jugement y étaient simples, publiques, rapides, tumultueuses; mais leurs peines qui consistaient en réparations d'argent portaient le caractere de ces temps de barbarie et d'ignorance. Les capitulaires remplacerent les lois antiques : lorsque l'on parcourt cette collection immense de réglemens qui embrassent toutes les parties de l'administration publique, on conçoit à peine le génie si fécond et si flexible de Charlemagne, qui étendait sa sagacité sur le moindre détail; mais l'on s'étonne d'y trouver les crimes soumis à la pénalité bizarre des compositions pécuniaires. Les établissemens de saint Louis retirerent le droit de justice du désordre où il était tombé depuis Hugues Capet : si la philosophie ne les éclaire encore que de ses premiers rayons, on aime du moins à y rencontrer la pensée du bien public,

---

(1) Notre première constitution fut théocratique; sous le regne des prêtres de Theutatès, les peines furent d'autant plus séveres qu'elles étaient infligées par un despotisme religieux.

résultat doux et pur de la piété vive du prince pour la religion des chrétiens. Les ordonnances de Louis XIV, enfin, parurent : elles obtinrent l'assentiment général, et furent alors appelées belles (1). La sagesse a en effet présidé à leur rédaction ; la répression des délits y est assujétie à des formes régulières; des règles fixes y mettent l'accusé à l'abri de l'arbitraire; mais elles contenaient des moyens d'instruction cruels et odieux que, depuis, l'humanité rejeta, et leur insuffisance n'était point contestée.

Il est vrai de dire qu'après Louis XV, longtemps encore, jusqu'à la tenue des états-généraux, l'état manquant d'ailleurs de lois pénales, n'avait point de législation criminelle.

L'ordonnance de 1670, un mélange de droit romain et de lois vieillies, éparses dans des Codes différens et incohérentes entre elles, des coutumes nées de la superstition et de la féodalité, des usages irréfléchis, des arrêts de parlemens divergens entre eux, voilà ce qu'était la législation criminelle de la France. Véritable composé de débris, elle offrait une telle confusion que, selon l'expression d'un magistrat célèbre,

---

(1) V. JOUSSE, la *Préface* de son *Commentaire sur l'ordonnance de* 1670.

L'ordonnance de 1670 avait fait tout ce que l'on pouvait espérer de mieux à l'époque à laquelle elle parut.

« il n'était pas moins pressant de se garantir des lois que des coupables, parce que l'on avait autant à craindre des erreurs des unes que de l'impunité des autres. »

Dans cette instabilité de choses, la société cherchait, en vain, ses garanties : le glaive de l'arbitraire menaçait les têtes innocentes (1), le juge n'ayant pour se diriger qu'une tradition incertaine, était sujet à s'égarer; le danger était dans la loi même. Marquée d'ailleurs au coin des préjugés et des erreurs grossières, loin de corriger les mœurs, elle leur présentait l'exemple de la férocite, de l'injustice, par la dureté et la disproportion de ses dispositions pénales.

A l'avènement du vertueux Louis XVI, des jurisconsultes, ardens défenseurs des droits de l'humanité, avaient porté aux pieds du trône, dans d'éloquens écrits, la demande d'utiles modifications dans les lois civiles et criminelles de l'état. Ce monarque que guida toujours l'amour de l'humanité voulut connaître les abus sous lesquels gémissaient ses peuples, et y apporter des réformes; projet généreux, mais d'une exécution si difficile, il devait imprimer à l'administration publique, un mouvement salutaire;

---

(1) Un axiome abominable jusqu'en 1791 a régi les Français, *les peines sont arbitraires.*

mais contrarié par des intérêts en sens inverse les uns des autres, il produisit cette agitation implacable dans laquelle fut enveloppée et disparut la couronne.

Les députés se présentèrent aux états-généraux, les bureaux se composerent, la gloire de leurs travaux retentit dans l'Europe, et à ce bruit, la raison acheva de s'éveiller

La législation criminelle fut alors créée. L'administration de la justice, conçue d'apres des idees saines, reçut une direction plus heureuse. A des formes barbares et oppressives, fut substitué une procédure, où la société et l'accusé trouvaient des garanties (1); les droits de l'humanité ne furent plus méconnus; l'on n'entendît plus les cris de la douleur, répondant à la torture, qui lui demandait avec tant de cruauté des aveux: le malheur du prévenu fut respecté, il put du moins s'appuyer sur un défen-

(1) « Pour que le juge ne devînt plus redoutable que la loi, l'assemblée constituante n'a conféré le droit de punir ni à un homme ni à un corps; elle a divisé tout à la fois et les recherches nécessaires pour la découverte des délits et les fonctions attribuées aux ministres de la justice; la plainte, l'accusation, la conviction, ne sont plus sous la dépendance d'un seul et même tribunal, et le partage de la puissance prévient l'oppression et la tyrannie. » — *Proclamation de Louis XVI*, 15 janvier 1792.

seur son salut, s'il n'est pas coupable, sa consolation s'il est condamné; une proscription généreuse frappa le système du secret si fatal à celui qu'on accuse; la porte des prisons ne s'ouvrit plus à la voix de l'arbitraire pour y renfermer sa victime, et l'on détermina les causes et les modes d'arrestation; l'inculpé que protégeant encore des pensers d'innocence, ne se trouva plus dans l'asile impur du condamné avec lui, obligé de souffrir de son déshonneur; une division plus exacte régla les pouvoirs qui recherchent et ceux qui punissent; les délits eurent une mesure arrêtée dans leur châtiment, et des juridictions différentes les jugerent suivant leur gravité; la publicité des audiences, cet antique privilége de la nation lui fut rendu (1); cette formule de condamner « suivant les faits résultant du procès, » fut remplacée dans les arrêts par l'obligation d'y citer la loi, et d'y consigner les faits, cause de la condamnation; un tribunal s'éleva qui dût protéger la scrupuleuse observation des formes et des termes de la loi (2); les peines cesserent d'être féro-

---

(1) Une des premières opérations de l'assemblée constituante fut de décréter la publicité de l'instruction. — *Décrets* des 3 novembre 1789 et 25 avril 1790.

(2) *Décret* du 27 novembre 1790, pour la cour de cassation.

ces (1); la plus sévère ne fut plus que la privation de la vie (2); celles afflictives et infamantes n'entachèrent plus les famillles (3); le corps du supplicié fut admis à la sépulture ordinaire; la confiscation des biens fut abolie.

Tels sont les avantages que les Français retirerent de la législation nouvelle. Ils sont assez chers à la morale pour que nous en fassions honneur à cette philosophie trop dépréciée peut-être, et qui, dans ses intentions pures, n'a que le bien public pour objet. Institutions salutaires que la raison a conquises, pourrions-nous en méconnaître la valeur (4)? gardons-les au con-

---

(1) Cent quinze crimes étaient punis de mort. — PASTORET, *Lois pénales*, tom. 2, l. 4, p. 133.

(2) Les peines consistaient dans la peine de mort par la roue, la potence, le feu, l'écartèlement, la question, l'amputation de quelques membres, comme le poing coupé, la langue coupée ou percée d'un fer chaud, le nez et les oreilles coupés ou fendus; dans la flétrissure, dans le fouet, dans la condamnation à être pendu sous les aisselles, dans le fouet sous la custode. — Voy. *Jul. clar. in pract. crim.*

(3) Tout moyen de punir le crime est mauvais quand il porte sur un autre que le coupable. L'infamie et les confiscations qui s'étendent sur le coupable étaient donc absurdes : ce qui est injuste ne peut jamais être bon ou utile. — PASTORET, *Lois pénales*, 4e part. c. 9.

(4) Louis XVI regardait ces institutions comme un des

traire avec soin, comme le prix de ses efforts, pour vaincre l'ignorance, et n'imitons pas ceux qui n'en calculent le prix qu'à raison de tant de malheurs dont nous les avons payés (1).

---

plus beaux présens de la raison à l'humanité. — *Proclamation de Louis XVI*, 15 janvier 1791.

(1) Ne méconnaissons pas les changemens qui peuvent être à notre avantage, nous les avons payés assez cher. — *Réflexions politiques de M. de* Chateaubriand, p. 143.

CHAPITRE II.

De la Législation criminelle actuelle en France.

Le gouvernement, dit impérial, dont le grand art fut de profiter des idées saines conçues par la révolution, forma des lois intermédiaires, et du Code des délits et des peines du 3 brumaire an IV, son Code d'instruction criminelle. Il réforma aussi le Code de 1791, et le mit en harmonie avec la rigueur de ses principes despotiques. Ces deux Codes et quelques lois spéciales forment le droit criminel de la France.

Pour qui examine l'état de la législation actuelle, et son etat il y a trente ans, ce droit criminel est un sujet de surprise autant que de vénération. L'une et l'autre cessent s'il le compare avec le système représentatif qui nous régit. Il ne le trouve plus d'accord avec notre organisation civile. Dans le Code d'instruction criminelle, les prérogatives de la liberté ne lui semblent pas assez ménagées, celles de l'humanité lui paraissent blessées par le Code pénal. Dans tous les deux il redoute des articles qui entretiennent dans les citoyens une méfiance contre les arrêts de justice qui se concilie mal avec l'objet même de la législation.

Dans les annales de la législation du Nord, il est écrit : « c'est à la législation à suivre l'esprit du siècle. » Le moment n'est-il pas venu pour la France, de faire l'application de ce principe? Les lois criminelles ne sont-elles pas des lois secondaires des lois constitutionnelles? et des modifications fondées sur le mode même de gouvernement représentatif ne seraient-elles pas une conséquence de la Charte de 1814? Ce premier bienfait en attend un nouveau. Il appartient à la main qui a rayé du livre des peines la confiscation des biens, de relever des institutions abattues sous les coups de l'usurpation même.

La gloire des rois qui se rattache à des lois sages et à une bonne justice est impérissable (1). Elle ne peut manquer à cette époque

---

(1) Il est vrai que la bonne opinion que l'on conçoit de la gloire et de la puissance du prince peut augmenter la force de son empire; mais la bonne opinion que l'on aura de son amour pour la justice, n'y contribuera pas moins efficacement. — *Instructions de l'impératrice de Russie*, et le *Code russe*, art. 499.

Saint Louis fut moins renommé par ses expéditions d'outre-mer que par son impartiale justice. — Dupin, *Ob-*

de notre histoire. Espérons la des promesses d'un monarque qui ne retarde ce grand ouvrage que parce qu'il ne veut pas le confier à l'esprit si hasardeux des innovations (1), et plaçons son nom, dans l'avenir, à côté de celui des Charles V, des Joseph II, des Leopold, et de saint Louis, ces bienfaiteurs de l'humanité.

---

servations sur plusieurs points importans de notre législation criminelle.

La bienfaisance des rois, c'est la justice — *Théorie des lois criminelles.*

Les royaumes, sans bon ordre de justice, ne peuvent avoir durée ni fermeté aucune. — CHARLES VII, *Préambule de son ordonnance* de l'an 1450.

La justice ne fonde pas seulement la sécurité des peuples, elle fait aussi la véritable gloire des rois. — *Ordonnance* du 18 septembre 1815.

(1) Auprès de l'avantage d'améliorer est le danger d'innover. — *Ordonnance* du 17 juillet 1816.

CHAPITRE III.

Objet de la Législation criminelle.

Le premier objet de la la législation criminelle est la tranquillité des citoyens, véritable liberté civile, et la seule qui puisse se concilier avec l'état social.

Mais pour que cet objet soit rempli, il ne suffit pas que des châtimens sévères, en punissant le crime, arrêtent ses nouveaux complots par l'expectative des mêmes peines, et préviennent ceux qui, par des faits semblables, auraient la pensée de troubler l'ordre public, il faut encore que les lois garantissent l'innocent des attaques de la calomnie et de la passion des juges (1).

(1) Si les lois ne protègent pas l'innocence contre la calomnie; si dans le même temps qu'elles ôtent tout espoir d'impunité à celui qui est véritablement coupable, elles ne garantissent pas l'innocent des attaques d'un calomniateur déterminé, alors elles deviendront une arme égale-

L'effroi et la sécurité inspirés, l'un aux méchans, l'autre à l'innocent, tel est l'effet que doivent produire de bonnes lois criminelles.

Elles sont le véritable Code de la liberté civile (1).

Que le malfaiteur tremble en apercevant le glaive de la loi prêt à le frapper, que l'honnête homme se rassure à la vue du bouclier qui le défendra contre des agressions injustes; et dès lors les garanties sociales et la sûreté individuelle auront été conservées.

Valérius Edile avait accusé Quintus Flavius. — Eh quoi! serais-je donc condamné injustement, s'écriait en pleurant ce dernier qui pressentait une décision fatale. — Quimporte, pourvu que tu le sois, lui répond Valérius. Cette expression, d'un sentiment personnel, indigna les Romains, et Valérius fut sauvé.

Arracher les citoyens aux complots de la haine, comme firent en cette occasion les Romains, c'est le devoir constant de la loi.

---

ment redoutable, et pour le citoyen pervers qui désire de violer les droits d'autrui, et pour l'honnête homme qui les respecte. — FILANGIERI, *de la Science et de la législation*, tom. 3, p. 2.

(1) C'est de la bonté des lois criminelles que dépend principalement la liberté du citoyen. — MONTESQUIEU, *Esprit des lois*, liv. 12, ch. 2.

CHAPITRE IV.

De l'Accusation.

La partie de la législation criminelle destinée à la consacration de ces principes est l'accusation.

Assurer à la société que le présumé coupable sera livré aux tribunaux, chargés de le punir; garantir à ce présumé coupable que ses droits, comme citoyen, ne seront pas violés; enlever aux criminels la pensée de l'impunité, et aux innocens, la crainte d'être illégalement traînés, délaissés dans un cachot, et jugés sans défense : ces effets doivent être ceux d'un système régulier d'accusation.

Ainsi les sages mesures de la loi doivent non seulement présenter à ses ministres les moyens de surveiller ceux qui s'enfreignent; de rechercher avec soin les élémens des délits, afin que les traces en soient saisies avant d'être affacees; de les constater pour rassembler les preuves de la criminalité, et d'en livrer les auteurs aux tribunaux chargés d'appliquer aux faits reprochés, une disposition pénale, relative;

mais elles doivent encore régulariser cette action de poursuites, en la soumettant aux épreuves d'une instruction régulière, exercée par un pouvoir différent qui fait reconnaître la validité de ses titres, l'épure, la légitime, et en écarte les soupçons même de l'arbitraire.

Chez tous les peuples où la liberté des citoyens a été regardée comme un bien précieux, le législateur s'est toujours occupé du soin de régler l'accusation judiciaire. Dans nos mœurs, une législation incertaine laisserait aux officiers de justice, chargés de la vindicité publique, trop de facilité pour porter atteinte à la liberté individuelle (1). Les dispositions régulatrices des modes de poursuite doivent donc être fixes et permanentes. L'action de l'accusation ne doit être qu'un mécanisme simple. Le système de ses rouages est combiné de manière que si leurs mouvemens varient à l'aide d'un changement de ressort qui les complique, ils n'en roulent

---

(1) Il n'y a rien qui attaque si vivement la liberté des citoyens que les accusations que l'on fait contre eux. Quelles soient intentées par la justice ou par quelques particuliers, à quels dangers ne serait-elle pas exposée si on laissait dans l'incertitude cet objet de la législation, puisque la liberté des citoyens dépend surtout de l'exécution des lois pénales? — *Instructions de Catherine II sur le Code russe*, n° 447.

pas moins dans le même sens, pour opérer un résultat de même nature. Un moteur puissant les détermine. Il les régularise suivant que la main qui le dirige est plus ou moins exercée.

Les formes de l'accusation judiciaire combinées d'après notre mode de gouvernement actuel, doivent être une sûre garde pour la vie, l'honneur, la fortune et la liberté des citoyens. En général, à leur idée se lie celle d'un corps régulier de lois criminelles. L'accusation en est l'ame, et, seule, elle peut rendre utile une législation sur les peines, quelle que soit sa perfection dans ses diverses parties.

L'accusation judiciaire est cette portion des procédures criminelles qui commence à la première notion d'un délit fixée légalement, et finit à cette décision devant la justice, que *tel* a commis un acte prohibé par les lois, et qui le met dans le cas de l'application d'une article pénal. Elle se compose de toutes les procédures antérieures aux débats et au jugement définitif, c'est-à-dire, des actes dans lesquels sont consignés les faits matériels du délit, les indices qu'il a laissés après lui, les renseignemens qu'il a fait naître, les témoignages étrangers, les aveux, tous les moyens de preuve, enfin, de culpabilité ou d'innocence qui, soumis aux épurations d'une instruction régulière, disposent les juges à prononcer sur le sort des accusés.

Telle n'est pas, à la vérité, l'accusation dans le langage de la loi ; mais tel est son esprit dans l'ensemble des dispositions du Code d'instruction criminelle.

CHAPITRE V.

Développement de cette opinion.

Les rédacteurs de ce Code ont, dans le livre premier, donné le titre de *police judiciaire*, aux actes préliminaires de la procédure qu'ils ont limités à la mise en accusation exclusivement. « L'action de la police judiciaire, ont-ils dit, cesse lorsque celle de la justice commence. » Quelque vrai que soit ce principe, il me semble qu'il ne doit recevoir son application qu'après la décision des chambres de mise en accusation. Souvent ces chambres, ne se trouvant pas suffisamment éclairées, ordonnent une plus ample information. Les officiers de police judiciaire en sont chargés. L'action de la justice se mêle donc à celle de la police judiciaire, et cette dernière se prolongeant, ne peut être considérée avoir cessée. N'est-il donc pas juste de former ainsi des actes antérieurs aux débats; la première partie de la procédure criminelle, en l'étendant jusqu'à la confection de l'acte d'accusation. La dénomination générale d'accusation judiciaire embrasserait ce système dont la police judiciaire n'est qu'une partie.

Il faut appuyer, de l'autorite du raisonnement, cette opinion, et la justifier par l'assentiment des législations précédentes, et de celle qui nous gouverne.

En général, l'accusation judiciaire n'est autre chose que la poursuite d'un crime, soit au nom du prince, soit par requête d'avoué d'une partie civile, ainsi l'a défini M. Pastoret. L'exercice de ce droit ne peut être consommé que par tous les actes qui le constituent. Or, le premier de ces actes est celui qui fixe les premières notions du délit, et le dernier est l'acte d'accusation même. Cette partie de la procédure forme donc l'accusation judiciaire, la procédure aux débats n'en étant que le développement.

Le droit romain contient sous deux titres, de *accusationibus* et de *accusatoribus*, les règles et les formules pour l'accusation des délits publics et privés. Dès l'origine de la cause, au *libellum* quand le crime avait un accusateur particulier; à la plainte *elogium*, quand le magistrat procédait par information d'office; le poursuivant avait le titre d'*accusateur*, et l'accusé devenait *reus*, aussitôt que son nom avait été déféré au préteur.

Le Code des lois antiques et les capitulaires

ne contiennent point à cet égard de dispositions contraires.

Il en est de même des établissemens de saint Louis qui firent revivre les lois romaines.

Dans l'ordonnance de 1670, la dénonciation et l'accusation sont soumises aux mêmes régles dans un seul et même chapitre, et le titre d'accusé y est affecté à l'objet des soupçons contre lequel l'instruction se poursuit.

Sous l'empire du Code du 3 brumaire an IV, l'action générale des poursuites était intentée par un magistrat connu sous la désignation d'accusateur public.

D'après la nouvelle législation, la procédure constitutive de l'accusation est essentiellement distincte de la procédure de jugement, et les juges qui ont assisté aux actes préliminaires, soit en instruisant l'affaire, soit pour avoir concouru à la mise en accusation du prévenu, ne peuvent siéger à la cour d'assises. Le premier livre du Code d'instruction criminelle, sous le titre de *police judiciaire*, se compose de la procédure nécessaire pour former l'accusation; le second, qui a pour titre *de la justice*, contient la procédure de jugement. Cette division marque assez les limites qu'il faut donner à l'accusation judiciaire ; et comme dans la législation actuelle, l'action publique est établie sans distinction contre toutes les infractions aux lois, et rendue indépendante de tous les intérêts privés, il s'en suit que le système des actes relatifs au droit d'accusation est applicable aux délits, à juger par les tribunaux correctionnels, comme aux crimes de la compétence des cours d'assises.

Ces considérations ne semblent-elles pas justifier la dénomination d'accusation judiciaire que nous avons choisie, et l'affection que nous en avons faite?

CHAPITRE VI.

De l'Accusation judiciaire chez les Anciens.

Chez les anciens peuples, le droit d'accuser était une prérogative du droit de cité. Exercée par tous les sujets d'un état, elle les soumettait les uns et les autres à une inspection réciproque qui, se trouvant avoir pour véhicule l'intérêt commun, était active, vigilante, et entretenait ainsi la tranquillité publique.

Dans les débris de la législation d'Athènes, nous voyons que les accusations étaient publiques et privées. Tous les citoyens pouvaient intenter les premières, les secondes ne devaient être intentées que par ceux qui avaient été offensés. Pourtant Solon avait permis à chacun d'accuser celui qui avait injurié un autre citoyen. Loi touchante, qui fait revivre des idées trop effacées d'une famille universelle; elle rappelait à chaque Athénien que le même membre de l'état était son frère, et conservait entre tous l'harmonie civile. L'état le mieux gouverne, disait à cette occasion ingénieusement ce sage, est celui-là même, où, pour poursuivre un outrage, il ne faut pas l'avoir reçu. Une autre loi honore l'ame de Solon. La peine de mort avait-elle été prononcée; l'aréopage pouvait examiner le jugement du peuple, et s'il lui paraissait injuste, il en demandait la révision.

A Rome, les délits publics étaient poursuivis par voie d'accusation. Le citoyen qui, dans le forum, l'intentait à la face du peuple, remplissait alors une charge honorable. Revêtu d'une magistrature instantannée, il y apparassait au milieu du respect et de l'intérêt général. Quelquefois la même main qui avait gagné des batailles, signalait au glaive de la loi l'ennemi intérieur, dont les complots menaçaient la république. L'opinion, d'avance, le soutenait de ses faveurs; et les guerriers, témoins de ses premiers triomphes, se préparaient à joindre à ses lauriers des feuilles de chêne, symbole de la reconnaissance publique. Les délits privés étaient poursuivis par voie d'action devant le juge. Interdits aux personnes infâmes, les droits de cette action étaient restreints pour les femmes, les pupilles, les esclaves, et limités pour les magistrats, aux cas, qui intéressaient leurs personnes ou leurs parens. Cette poursuite n'était pas seulement un droit, c'était une obligation sacrée de famille. Les Romains avaient fait de la vengeance un devoir. Le fils qui négligeait de demander le châtiment du meurtrier de son père était déclaré infâme, et le peuple le dévouait à la colère des dieux.

Les Francs furent long-temps gouvernés par le droit romain, que la conquête avait introduit dans la Gaule. Lorsque les nations du nord se furent répandues dans le midi de l'Europe, la victoire à son tour y ramema les lois des barbares, et les mêla aux lois des Romains. De cette confusion, est sortie cette législation ignorante que nous connaissons par le Code des lois antiques. Or, la peine de mort ne fût plus prononcée que contre les traîtres et les poltrons, et le reste des délits ne donna lieu qu'à des réparations pécuniaires. Il arriva donc que l'offenseur et la victime demeurèrent seuls intéressés dans le débat judiciaire; et ainsi les accusations ne furent plus que des poursuites civiles. Quelles que soient les dispositions sages que l'on rencontre dans ce recueil de lois des barbares, lorsqu'on les examine avec le flambeau de la philosophie, on se fait difficilement à ces mœurs bizarres et sauvages, avec lesquels elles sont en rapport, et à l'ignorance qu'elles décèlent. Il semble que la philosophie s'effraie au bruit des armes, et qu'elle déserte les lieux troublés par l'agitation des combats.

CHAPITRE VII.

Réflexions sur le Chapitre précédent.

DANS cet ancien système, la facilité accordée aux citoyens de se porter accusateurs, permettait d'espérer de nombreuses accusations; mais l'affection indulgente ne pouvait-elle pas accorder à l'amitié coupable un pardon trop commode? L'honneur de famille ne couvrait-il pas d'un voile l'outrage fait aux droits du sang? La cupidité exposée aux séductions de l'or, ne transigeait-elle pas avec elles? La mort des plaignans ne faisait-elle pas, d'ailleurs, cesser le procès? Ne cherchait-on pas en vain la garantie, que tous les délits seraient poursuivis et soumis à ces promptes et scrupuleuses recherches, qui, seules, empêchent les traces de s'effacer? Et la plus large voie n'était-elle pas ouverte aux écarts de la calomnie?

Voici pourtant les mesures que les législateurs avaient prises pour prévenir les dangers de ce système.

A Athènes, des récompenses étaient accordées

à l'accusateur (1). Le plaignant promettait de ne pas se désister de son accusation avant le jugement, et s'il ne réunissait pas la cinquieme partie des suffrages, il était condamné à payer une amende de 1000 drachmes : s'il était déclaré calomniateur, les citoyens pouvaient le chasser des enceintes publiques ; et l'entrée des temples de Cérès et de Proserpine lui était défendue.

A Rome, celui qui formait une accusation, n'avait pas la liberté de s'en désister avant que la sentence fût rendue. Chargé de toutes les preuves du procès, s'il ne les établissait pas, il payait tous les frais. Etait-il déclaré calomniateur, il subissait le châtiment que lui-même avait voulu faire infliger à sa victime innocente ; la peine de l'infamie se joignait à celle du talion, et un fer brûlant imprimait sur son front le stigmate de sa mauvaise foi.

Chez les Francs, l'accusateur se constituait prisonnier et se soumettait à la peine du talion ; s'il ne justifiait pas son action, une amende considérable était une des peines de sa témérité ; et, s'il succombait, il pouvait demeurer la *chose* de l'accusé : droit barbare sans doute,

(1) Plutarque, vie de Solon et de Sylla, rappelle Censorinus, accusant Sylla de concussion, et Pisistrate, poursuivi comme meurtrier devant l'aréopage, qui transigèrent avec leurs accusateurs.

et digne de ces temps ; mais qui devait éloigner la pensée d'une calomnie de l'esprit de tous les citoyens.

Malgré ces sages mesures de précautions, l'histoire des accusations publiques fut déshonorée par les passions, les haines et les calomnies (1). A Rome, ne vit-on pas les délateurs protégés, et se reposer dans un honteux orgueil à l'ombre de la pourpre impériale. Ceux-là même, dont les vertus importunes, au prince, étaient le seul crime, périssaient leurs victimes, et des richesses étaient la récompense de ces infamies (2). A la vérité, ce temps fut celui des Tibere, des Néron, des Domitien. Alors l'accusation seule suffisait à la preuve des délits; et ces empereurs, à l'exemple de Sylla, avaient fait taire, en faveur des calomnies, les sévérités de la loi pénale.

---

(1) Le grand eclat que l'éloquence a répandue sur les accusations publiques, n'a pu cacher à la postérité que leur dangereuse influence et leurs funestes effets introduisaient la vengeance privée dans la justice même, qui avait pour objet de la prévenir. — DHAUBERSAERD, *Rapport* du 17 novembre 1808

Voy. *les Lois penales* de M. PASTORET.

(2) Quiconque avait bien des vices et des talens, une ame bien basse et un esprit ambitieux, cherchait un criminel dont la condamnation pût plaire au prince : c'était la voie pour aller aux honneurs et à la fortune. — MON-

Mais, qui ne voit toutes fois le vice de ce système? l'exercice de l'action qui accuse y est une faculté, et non pas un devoir impérieux et sacré; la méchanceté puise dans un sentiment de vengeance les raisons, et peut-être même les moyens de sa poursuite; l'innocent est sans appui pour résister à l'œuvre que la perfidie aura contre lui travaillée de longue main, et l'intérêt privé, sans mobile pour poursuivre les délits particuliers, les laisse échapper à leurs châtimens.

Delà la nécessité d'une magistrature publique qui, dégagée de tout intérêt particulier, agit dans la seule vue du bien public, pour la société qu'elle représente, examine le mérite de l'accusation à former, la dirige avec l'impassibilité de la loi elle-même, et arrache ainsi la poursuite à l'influence de ces passions violentes dont le cœur de l'homme est agité.

TESQUIEU, *Esprit des lois*, liv. 6, ch. 8. — Voyez [illegible] Tacite.

Voy. les *Lois pénales* de M. PASTORET, p. 100, liv. 1.

CHAPITRE VIII.

Du Ministère public.

CETTE magistrature, adoptée par les peuples de l'Europe, est dans les procès criminels la partie accusatrice. Elle est établie dans les tribunaux avec la dénomination de *partie publique*.

Ses fonctions sont remplies en France par des officiers de justice à la nomination du roi. Connus anciennement par la qualification de *gens du roi* qui rappelait leurs rapports avec les monarques, ils le sont plus généralement encore aujourd'hui par celle de MINISTÈRE PUBLIC.

Ce titre indique qu'ils sont appelés à surveiller les méfaits qui troubleraient l'harmonie sociale et à les signaler à l'attention des juges. Il réveille le souvenir de la charge de censeur public à Rome.

« Nous avons, dit Montesquieu, une loi admirable : c'est celle qui veut que le prince établi pour faire exécuter la loi, prépose un officier dans chaque tribunal pour poursuivre en son nom tous les crimes, de sorte que la fonction de délateur est inconnue parmi nous (1). »

Le ministère public est une institution des temps modernes. Elle est due à la civilisation et aux idées monarchiques. Née dans leur sein, elle en conserve encore l'esprit. Il est exercé au nom du roi, de qui, d'après la Charte, toute justice émane.

La délégation du pouvoir de rendre la justice faite à des magistrats, est un droit des peuples, parce que le prince ne pourrait la rendre par lui-même sans menaces pour la liberté civile, et qu'il ne peut être à la fois accusateur, partie et juge. Il n'en est pas de même du pouvoir de requérir l'application des peines. Ce pouvoir réside dans le roi même, comme ayant la puissance exécutive. Le ministère public ne l'exerce que par cette considération que le monarque ne peut l'exercer seul, et que les traits de l'accusation ne sauraient partir d'une main destinée à répandre les grâces et les bienfaits qui concilient au trône l'amour général. Ainsi c'est le roi qui investit le magistrat du ministère public de cette portion du pouvoir exécutif qu'on nomme autorité judiciaire, et qui lui en confie

---

(1) Montesquieu, *Esprit des lois*, liv. 6, ch. 8.

l'action. Organe de cette autorité, ce dernier lui donne le mouvement et la vie comme elle-même les donne à la puissance législative (1).

---

(1) Henrion de Pensey, de l'*Autorité judiciaire*.

CHAPITRE IX.

Résultats de cette Institution.

Dans le système actuel des accusations, c'est la société qui, au nom du roi, le représentant de ses droits, cite devant la loi le coupable et réclame, par la voix du ministère public, le châtiment qu'il a mérité. Investi du pouvoir de poursuivre dans les intérêts de cette société ses mêmes droits blessés par un crime, le ministère public a l'initiative de l'usage du pouvoir judiciaire criminel, c'est-à-dire, du droit de punir les infractions aux lois. Les vengeances privées lui sont remises, et prennent une direction généreuse. La haine qui ne trouve plus d'issue pour des accusations injustes, est contrainte au silense. Une puissance, qui semble procéder par des moyens insensibles, l'écarte, avec la calomnie, du sanctuaire, de la justice, et couvre, comme d'un égide invisible, les faibles contre leurs traits empoisonnés.

Ainsi, la poursuite des forfaits à punir ne

dépend point des ressentimens plus ou moins vifs des particuliers, l'activité n'en est plus ralentie par la difficulté des avances, la crainte des frais de procédure, ni l'effet arrêté par une transaction qui enveloppe le passé de son voile. La justice n'a plus à dégager les faits de ces passions qui cachent la vérité dans leurs nuages et les malveillans ne sauraient marcher sans cette pensée qu'un pouvoir sans cesse actif, soutenu des forces publiques les veille dans le silence et qu'ils n'échapperont point à ses recherches non plus qu'aux foudres de la loi pénale.

CHAPITRE X.

Caractère du Ministère public.

De la bonne foi, des intentions toujours pures, de l'activité sans passions, du courage sans acharnement, de la fermeté sans rudesse, de la compassion sans pusillanimité, l'amour de la vérité, la prudence de l'expérience, une humanité réfléchie, l'impartialité de la loi, le respect de soi-même, ces qualités forment le caractère distinctif et essentiel du ministère public.

Cependant ces qualités sont souvent opposées l'une de l'autre et le danger est dans leurs extrêmes. Le zèle du magistrat lui retrace-t-il qu'il est le protecteur des faibles et des opprimés ; il doit se défier de sa propre sensibilité, elle pourrait le tromper : et des hommes eux-mêmes ; ils sont habiles à profiter des dispositions généreuses pour les égarer. Veut-il que son activité prévienne le mal par de prompts et de nombreux exemples; il est exposé à s'abuser par ses propres inquiétudes, et à troubler, par les agitations d'un esprit ingénieux à se tourmenter lui-même, la société qui reçoit de lui des alarmes ; veut-il que nul malfaiteur ne se dérobe au châtiment qui le menace ; peut-être fatiguera-t-il, par des investigations indiscrètes, le citoyen qui s'attendait à reposer en paix sur la foi de sa vigilance. Redoute-t-il au contraire de compromettre une réputation innocente ; les tempéramens de sa prudence laissent au crime le temps d'effacer ses vestiges. Si la lenteur de sa marche peut avoir le funeste effet de la négligence ; une précipitation hasardeuse peut porter une atteinte cruelle au sort du plus probe des hommes et il éprouve en lui-même que s'il ne frémissait pas à cette pensée il ne serait déjà plus digne de ses fonctions. Il n'aperçoit pas la ligne incertaine du bien et du mal ; à quelle limite va-t-il s'arrêter ? les erreurs sont mêlées aux vérités, et la philosophie n'est pas un guide sûr, pour bien distinguer les excuses des mensonges, les défenses naïves des ruses combinées de l'artifice ; il lui faut se décider au moment où il doute encore et, par une noble candeur, il n'ose s'abandonner à ses propres certitudes.

Grâces soient rendues au magistrat que tourmentent ces craintes délicates ! elles honorent son ame : ah ! qui peut en revêtant la toge, songer sans effroi à tout ce qu'il lui faut acquérir pour être digne d'un titre d'où dépend le bonheur de ses concitoyens !

Faire tout ce qui est prescrit et rien au-delà est la règle la plus sûre de la conduite du magistrat ; le secret de sa sécurité dans ses travaux est donc la connaissance la plus exacte de la loi.

De nos jours où le ministère public a reçu un nouvel éclat et un accroissement de pouvoir, il doit s'appliquer à rendre cette charge moins onéreuse au peuple (1) ; plus sa surveillance est étendue, plus le sentiment de ses devoirs doit être réfléchi, plus sa marche doit être mesurée. A l'activité qui ne veut laisser impunir aucun désordre il réunit la prudence qui ménage les droits de la liberté et les sollicitudes de la justice. L'ardeur de son zèle est dirigée par la circonspection de la sagese. Il résiste aux impulsions d'une imagination qui, dans ses rêves, suit des soupçons trop vagues, et il ne risque point, sans la calculer, une action qui peut avoir des résultats si funestes. Calme et désintéressé, il ne reçoit point d'impression des événemens publics. Au milieu des agitations populaires, il se place à l'écart des partis et de-

(1) Un magistrat vigilant n'appesantit pas la main sur le frein des lois ; il le tient léger et presque insensible sur la tête du citoyen ; il observe plus qu'il n'agit, et plus il observe, moins il a besoin d'agir. — SERVAN.

meure tout entier occupé du soin de l'administration de la justice. Il ne partage point les passions qui se heurtent autour de lui, et s'il prête l'oreille à leur bruit orageux, c'est pour se mettre en garde contre elles. Des lois sévères dictées par les périls de l'état lui commandent-elles des accusations qui coûtent à son cœur, il les poursuit avec courage; mais avec impassibilité, sans céder à l'influence du blâme ou de la louange et dut sa renommée remontrer un instant devant elle le goffre de Curtius, tant est consolant les sentimens d'avoir fait son devoir! Resté fidèle à ce qu'il doit à son prince et à sa patrie, il dédaigne encore plus de se faire l'instrument des factions. Si elles lui ordonnaient une injustice il sauverait les tribunaux du déshonneur d'un asservissement odieux et imiterait plutôt ce Romain qui, chargé par Caligula de porter une accusation contre Marcus Sillamus qui était innocent, préféra la mort.

Heureux le magistrat, ami de la retraite, car c'est dans son port que peut être l'abri contre les séductions humaines. Là, il amasse ces trésors de connaissances presque universelles et qui lui sont nécessaires pour remplir ses fonctions dificiles; à l'étude des lois constitutionnelles, civiles et criminelles, il joint celle des lettres de la philosophie et de la nature; à la lecture de Rousseau et de Buffon il forme son style; il puise les leçons de la dialectique et de l'éloquence dans les livres des Burlamaqui, des Domat, des Pothier, des Daguesseau qui ne quittent point ses mains laborieuses. Ce n'est qu'ainsi qu'il peut graver dans sa pensée cette foule d'invariables principes résultans des diverses espèces de droits et qui l'aideront à découvrir le secret de toutes les affaires.

C'est aussi dans le modeste asile du travail et de la réflexion qu'il apprendra de la philosophie à concilier la fermeté avec l'indulgence, la sensibilité avec les rigueurs de son ministère, le respect dû au malheur avec l'énergie qui poursuit le crime sans relâche, cette bonté affectueuse enfin et ces manières simples qui invitent à venir à lui ceux qui réclament les secours de la loi avec les habitudes graves qui conviennent à la dignité de son caractère. Si sa contenance est sérieuse, quelque chose de recueillie en lui, signale la pensée du bien qui l'anime et inspire une douce confiance. Son idée réveille celle d'un sacerdoce exercé avec religion. Mais ce n'est pas assez de celui de la justice; car l'humanité doit avoir aussi son sacerdoce.

L'humanité l'instruira à rejeter une inflexibilité qui n'est pas une vertu. La haine est due au crime, il est vrai; mais l'accusé a des droits au respect et à l'intérêt. Si la faute prescrit la sévérité, l'honneur exige l'indulgence. N'est-il pas assez malheureux si le remords l'agite? sans repentir il l'est encore trop puisqu'il est criminel. Au lieu de l'accabler, qu'une pitié compatissante le console! cette pitié est d'accord avec les intentions affectueuses et pures de la loi. Des sentimens généreux et touchans de l'humanité adouciront l'amertume des devoirs pénibles du magistrat et le consoleront d'un ministère de rigueurs.

Si ces fonctions publiques présentent des difficultés à celui qui veut les remplir avec avantage, elles lui laissent ainsi bien des dégoûts dans l'exercice même des sévérités pénales. Quel renoncement absolu de soi-même! quelle passion pour l'ordre et le bien public elles réclament (1)! mais il n'est point d'obstacle que

---

(1) « Si toute fonction publique demande une ame en-« flammée, passionnée pour le bien de l'etat, un renon-« cement entier à soi-même, ces qualités doivent surtout « distinguer les magistrats chargés de la poursuite et de « la répression des délits; et parmi ces magistrats elles « doivent plus particulièrement être le partage de ceux « auxquels est remis le précieux et auguste dépôt du « ministère public. » — *Lettre de Joseph II*, datée de 1784.

On se rappelle cette réponse noble et juste d'une femme qui demandait le troupeau qu'on lui avait enlevé pendant son sommeil. « *Vous dormiez donc bien profondément,*

l'amour de la vérité ne surmonte. L'estime générale est la récompense de tant d'efforts. Qui pourrait la refuser à celui qui, dans son ame, a trouvé une fierté assez généreuse pour ne se proposer point un autre prix de son dévouement, et qui ne se rappelle au monde sa vie paisible que par le souvenir de ses travaux, de ses vertus, de ses mœurs ?

---

lui dit le magistrat. *Oui*, répondit cette femme, *parce que je croyais que vous veilliez pour moi.* » Ces mots sont la plus énergique leçon de l'indispensable devoir de la vigilance.

Il me semble entendre ce vertueux citoyen dire à ceux qui l'élevaient à la magistrature : *O mes concitoyens*, *ayez soin de mes enfans !* Le père de famille termina ses fonctions aussitôt que le magistrat eut commencé les siennes. — Servan.

CHAPITRE XI.

Recherches historiques sur l'Institution du Ministère public.

A Athènes, lorsqu'un crime restait sans accusateur, et que sa répression, néanmoins, intéressait l'ordre public, on lui nommait un accusateur nécessaire. Les premiers orateurs exercèrent cette fonction dans des occasions mémorables. Périclès accusa Cimon, qu'il fit bannir par l'ostracisme. Quand Démosthènes se fut laissé corrompre par les trésors d'Harpale, Hépérides fut son accusateur; Ephilates fut l'accusateur de Démostratus Choix rigoureux et terrible, puisqu'on ne pouvait le refuser sans crime!

A Rome, les tribuns se portaient souvent accusateurs quand le peuple jugeait. Lorsque l'opinion publique signalait un crime privé, ou que la partie lézée transigeait avec le prévenu, des magistrats institués recevaient la plainte et informaient d'office.

Il me semble trouver là, avec raison, le type de la magistrature publique, chargé de l'action criminelle.

Les magistrats connus sous la dénomination de *Curiosi*, *Stationnarii*, *Irénarchi*, étaient puissans, honorés et investis d'une grande confiance de la part de la loi.

L'Irenarque faisait saisir les personnes soupçonnées et les traduisait devant le juge auquel il remettait son rapport. Il soutenait lui-même l'accusation par les preuves qu'il développait à son tribunal (1).

Les plus anciens officiers de justice qui, dans les antiquités de la monarchie, rappelait le ministère public par leurs attributions civiles et et criminelles, sont les sayons (2).

Ces officiers dans les temps féodaux étaient

---

(1) Voyez la loi *ea quidem* 7, cod. des accusat.; leg. div. 6, ff. a part. et exhib. reorum; leg. 1, cod. eodem; leg. 1, cod. de curios. et stati; leg. 6, § nuntiatores, ff. ad S. C. Turpill. — FILANGIERI, *Science de la législation*, tom. 3, p. 65.

(2) Voyez le *Répertoire de* MERLIN, au mot *Ministère public*, les ouvrages de LACRETELLE, le *Dictionnaire de police de* DELAMARE.

HENRION DE PENSEY, *de l'Autorité judiciaire*, chapitre du *Ministère public*, et un livre intitulé: *Des Antiquités de la monarchie française*.

placés chacun dans la justice seigneuriale des comtes : comme les seigneurs tiraient un profit de la justice, ils avaient, pour en recueillir les revenus, établi cet office, dont les fonctions, dit M. Legraverend, purifiées, ennoblies, élevées, sont devenues en France et dans l'Europe, la plus importante magistrature :

Ils se portaient partie, contre les violateurs de la loi ;

Chargés de faire exécuter la sentence des juges, ils pouvaient y contraindre légitimement par la rigueur, ceux contre qui elles avaient été prononcées ;

Ils devaient protéger l'innocence et la mettre à l'abri des délations calomnieuses;

Surveillans de la perception des deniers publics, ils provoquaient la confiscation des biens des débiteurs infidèles, au profit du roi;

Conservateurs des forêts, ils en régularisaient l'exploitation et les coupes ;

Les cendres des morts et les trésors des tombeaux étaient confiés à leur garde ;

Ils inspectaient les voitures pour qu'on n'en fît pas un usage contraire aux lois;

Protecteurs des possessions, ils forçaient les brigands qui les avaient violés à comparaître en justice, et à payer une amende ;

Cette espèce de magistrature disparut par les

changemens que fit Charlemagne dans son administration ;

Ils furent remplacés par des agens publics, *missi Dominici, Actores publici*, nommés par le monarque, qui lui rendaient compte de l'état de l'administration de la justice, après l'avoir rendue eux-mêmes.

Ces officiers disparurent à leur tour, dans la confusion des premiers règnes de la troisième race.

Il n'y eût plus d'accusateurs lorsque les dénonciateurs furent obligés de soutenir publiquement, par le combat, le démenti que leur donnait l'accusé. Qui donc, dans ces temps où les questions litigieuses étaient décidées par la voix des armes, eût voulu exposer sa vie en champ clos, pour tous les prévenus de crimes? alors le succès d'un duel, devant le juge, déterminait sa décision : l'épée et la hâche d'armes triomphantes, placées dans un de ses bassins, faisaient pencher la balance de la justice, et au seul laurier de la victoire, elle attachait des arrêts favorables.

La création des procureurs du roi précéda celle des avocats du roi. On ne saurait assigner d'époque certaine, à l'origine des uns et des autres.

C'est vers 1300, après qu'une ordonnance de Philippe-le-Bel, eut rendu le parlement, sédentaire à Paris, que, selon M. Henryon de Pensey, il faut faire remonter l'époque où les procureurs généraux et les avocats généraux furent établis avec les attributions dont ils jouissaient avant la révolution.

Tour-à-tour répandus dans plusieurs siéges à la fois, aux présidiaux, à la prévôté, aux bureaux des hôtels de ville, aux siéges des eaux et forêts du lieu de leur résidence, et affectés spécialement à un seul siége; le nombre des avocats et procureurs du roi fut accru et diminué suivant les besoins de la justice et les vues du prince. Un édit de 1553 porte création en titre d'office d'un procureur du roi, dans chacune des prévôtés, et d'autres justices subalternes relevant des baillages, et une ordonnance ultérieure, rendue aux états d'Orléans, nomme un seul procureur du roi pour chaque ville, tant pour la sénéchaussée, que pour les autres siéges subalternes. A l'époque des états-généraux, ils étaient en grand nombre. Un avocat du roi était attaché à chaque petite juridiction. Depuis 1522, les procureurs du roi, près les baillages, avaient cessé d'être à la nomination des procureurs généraux, et la commission de ces derniers était érigée en titre d'office.

Surveiller et activer l'administration de la justice criminelle; recevoir les dénonciations et les plaintes; dénoncer sans le concours de la partie civile, et traduire les délinquans en justice, pour les faire juger ; ne pouvoir donner une citation qu'en vertu du décret du juge ; se garder de compromettre la liberté du citoyen ; ne poser en principe aucun délit dont ils n'opérassent les informations et les charges ; nommer le dénonciateur à l'accusé s'il le demandait ; ne jamais intenter l'action en dommages-intérêts ; ne point assister aux interrogatoires, recolement et confrontation des accusés ; ne pouvoir ni instruire ni juger d'après eux-mêmes ; prendre dans les procès toutes les conclusions utiles au bon ordre ; participer à la surveillance des profits pécuniaires du roi ; intervenir quand un citoyen réclamait sa liberté contre le fisc ; surveiller les grandes corporations des arts et métiers, les écoles, les établissemens publics ; être enfin, à la fois, le gardien de la loi et accusateur, l'homme du roi et de son peuple : tels ont été, d'après les ordonnances de Louis XIV jusques à l'assemblée des états-généraux, les attributions, les devoirs, les droits et prérogatives du ministère public.

Son état a varié, et cette institution n'a reçu de fixité régulière et une organisation parfaite que depuis les travaux de l'assemblée constituante.

Déjà, par une loi du 24 août 1790, elle avait décrété que les commissaires du roi ne seraient point accusateurs publics, mais qu'ils seraient entendus sur toutes les accusations intentées, suivant un mode qui serait ultérieurement déterminé, et qu'ils seraient chargés de faire toutes les réquisitions pour la conservation et la régularité des formes de l'instruction préliminaire.

Par une loi du 29 septembre 1791, sur l'organisation de la justice criminelle, elle créa, pres de chaque tribunal, un accusateur public à la nomination du peuple, qui fut chargé de veiller à ce que les dénonciations du pouvoir exécutif fussent poursuivies par les officiers de justice, suivant les modes établis par la loi. Il surveillait aussi les officiers de police judiciaire du département, et poursuivait les délits sur les actes d'accusation admis par les premiers jurés. Les fonctions des commissaires, près les tribunaux criminels, supprimés par le décret du 20 octobre 1792, leur furent attribués; mais l'execution des jugemens définitifs des tribunaux criminels fut réservée aux commissaires, près les tribunaux de district des lieux où le jury d'accusation avait été assemblé.

Le Code du 3 brumaire an IV conserva les accusateurs publics; mais il rétablit, près les tribunaux criminels, des commissaires du pouvoir exécutif, non pas comme les premiers à la nomination du peuple, mais du gouvernement.

Les attributions des accusateurs publics furent par une loi du 27 ventôse an VIII, réunies à celles des commissaires du gouvernement, près les tribunaux criminels : ces fonctionnaires reçurent le titre de procureurs généraux.

D'après l'organisation de 1808, des procureurs du roi criminels, furent attachés près chaque cour d'assises, dans les lieux où il n'y avait pas de cour royale.

Ils furent supprimés en 1815.

D'après l'organisation aujourd'hui existante en France, les fonctions du ministère public sont remplies dans chaque cour royale, par un procureur général, deux ou plusieurs avocats généraux, deux ou plusieurs substituts, chargés du service du parquet; et, dans chaque tribunal de première instance, par un procureur du roi, auquel sont adjoints un ou plusieurs substituts.

Le commissaire cantonnal et un maire ou adjoint remplissent près des justices de paix, jugeant, en matiere de police, les fonctions du ministère public.

Ils sont tous soumis à un ordre hiérarchique, et doivent reconnaître, pour leur chef, le procureur général, chargé, par la loi, de la direction de l'action publique.

Le procureur général réunit, en ses mains, tous les pouvoirs de la partie publique. Les autres membres du parquet, depuis les avocats généraux jusques aux substituts des procureurs du roi, sont les substituts de ce magistrat, et connus, dans leur relation avec le ministre de la justice, sous cette qualification (1). Ils sont censés n'exercer l'action publique que par une délégation qu'il leur fait de ses attributions.

Cette hiérarchie distincte établit ainsi une chaine de pouvoirs qui a d'autant plus de force que ses anneaux ont plus d'union. En animant les uns par les autres, depuis l'officier de police judiciaire jusques au chef de la magistrature, tous les agens de l'action criminelle, elle assure la surveillance de tous les points de l'état, et, par l'exécution des mesures jugées les plus salutaires, elle affermit la tranquillité publique.

Le ministère public est un. Cette unité, suivant l'expression de Daguesseau, est le signe de l'union, signe précieux et cher à tous les membres qui le composent, puisqu'il les rappelle à un concours continuel de pensées et d'actions, pour tout ce qui peut être utile au bien public.

---

(1) Les commissaires de police n'ont pas cette dénomination.

CHAPITRE XII.

Des Faits destinés à former le sujet des Accusations.

Nos Codes ont tracé la marche des accusations. D'après l'art. 4 de la Charte, nul ne peut être poursuivi que dans les cas prévus. Ce soin de la Charte envers la liberté individuelle, rappelle qu'il ne peut y avoir d'accusation que pour des faits déterminés par la loi.

Ces faits, dans toutes les législations, sont ceux qui blessent la moralité publique. Mais cette moralité n'a pas chez les nations le même caractère. Née des erreurs et des préjugés, autant que des lumières de la raison, elle varie suivant les temps, les lieux, les climats, et reçoit des événemens passés, comme des institutions des états des modifications dont la bizarre divergence peut intéresser la curiosité ; mais rarement la philosophie qui ne les explique pas. Cependant il faut aux citoyens des signes certains pour reconnaître quels faits portent atteinte au repos et à la morale publics. La garantie que leurs actions ne seront pas arbitrairement déclarées coupables est le besoin de leur sécurité, et une tranquillité assurée doit être le prix de leur amour pour le bien, de leur fidélité à observer les lois. La loi a donc dû prescrire, quels actes sont indifférens, et quels actes sont reprochables.

Parmi ces derniers, il en est que réprouvent la religion, la morale et la politique même. Je veux parler de ceux qui, prouvant la prostitution de l'ame et du corps, outragent, les unes la nature en ses plus doux bienfaits, les autres les liens sacrés et aimables des familles, et quelques-uns l'honnêteté publique, par un lucre odieux de la débauche. La loi, qui craint d'en révéler à l'innocence les honteux secrets, dédaigne de les rechercher dans cette obscurité dont ils s'environnent. Sont-ils découverts, elle les abandonne à toutes les flétrissures que le tribunal de l'opinion leur dispense avec largesse; lorsqu'elle entend leurs noms, elle rougit, se tait et cache sa tête sous son voile.

Il est d'autres actions coupables; mais d'un caractère moins grave que le législateur n'a pas déclaré délits. Les unes ont échappées aux calculs de la prévoyance humaine, tant le vice est habile à se produire sous des formes variées;

les autres sont passagères et fugitives, et les circonstances qui le constituent eussent trompé la précision de la rédaction. Ces témoignages, d'une déloyauté complète, sont des actes nuisibles sans doute; mais la difficulté de marquer la nuance certaine qui sépare le manque de délicatesse du délit n'a pas permis qu'ils fussent déclarés criminels. Il est ainsi laissé au mépris à en faire justice. C'est déjà une forte punition que d'en être convaincu.

En principe, il n'y a de faits punissables que ceux dont les peines étaient déterminées par la loi avant qu'ils fussent commis.

Cependant, toutes les infractions aux lois ne sont pas susceptibles des mêmes peines. Celles-ci doivent être plus ou moins séveres, à raison que les faits tendent à la destruction de la société, ou la menacent, plus ou moins, par la perversité qu'elles dénotent. Les unes blessent les plus grands intérêts, ce sont les crimes; les autres des intérêts moins précieux, mais chers encore, ce sont les délits; d'autres, enfin, sont contraires à ce que des réglemens prescrivent ou défendent en vue du bien public, ce sont les contraventions.

Dans tous ces cas, les délits sont sujets à des modifications : le temps, le lieu, le nombre des coupables ou des victimes, la qualité d'offenseur ou de l'offensé, les dispositions intentionnelles des criminels le mode d'exécution, les antécédens, les conséquences de l'acte sont des circonstances qui l'aggravent et l'atténuent.

Punirait-on, en effet, également ce chef de bandes armées qui, organisant le pillage et la révolte, est l'effroi des propriétés de son pays, et l'indigent qui, cédant aux cris de ses enfans et du désespoir, dérobe un pain nécessaire à la substance de sa famille? Le même châtiment serait-il réservé à ce faussaire qui, par une contrefaçon des titres publics, usurpe une fortune entière, et à celui qui, pour faire incognito un voyage, change son nom sur ses papiers? celui qui, sous les apparences trompeuses de la richesse, surprend le crédit, et par une déception cruelle, dilapide, à son profit, les sommes que des négocians lui avaient confiées, n'est-il pas plus coupable que celui qui, par l'usage de faux noms et de faux titres, se joue d'une crédulité trop facile, et dérobe les deniers qu'avec plus de prudence on ne lui eut jamais remis? Mettra-t-on dans la même balance le crime de celui qui dirige contre sa patrie les armes qu'il commandait, et l'imprudence de celui qui abandonne à des alliés un plan tombé par hasard dans ses mains? La préméditation est écrite sur cette flèche qui porte ces mots à l'œil gauche de Philippe, et, lancée par un archer habile, frappe ainsi ce monarque (1); un accident malheureux, au contraire, fait tomber le plomb de ce prince qui, à la chasse, blesse un de ses courtisans. Comment voir du même œil le scélérat, froidement cruel, qui joint au meurtre, consommé lentement sur sa victime, de longs tourmens par le feu ou le fer, et ce jeune homme qui, dans l'impétuosité d'un premier mouvement, a abattu à ses pieds l'indiscret qui a provoqué les irritations de sa colère? Nous plaignons la nourrice qui, dans son sommeil, a étouffé l'enfant que, dans sa couche, elle avait endormi sur son sein; nous excusons l'époux surpris qui, d'un coup rapide, venge l'affront fait à son amour et à son honneur; et nous réservons toute notre indignation pour ce monstre qui médite, pendant longues années, l'extinction d'une race royale, assassine un prince généreux, son dernier rejeton, oblige la défiance à resserrer la liberté dont jouissait tout un peuple, et plonge la France dans le deuil.

Les circonstances, purement matérielles, ont été prévues par le législateur. Les circonstances morales, au contraire, qui varient suivant les mouvemens du cœur humain, et les

---

(1) Asther est son nom.—Plutarque, *Œuvres morales*, coll. de qq. Hist. romaine et grecque, tom. 11, p. 483.

inépuisables idées de l'imagination, n'ont pu être calculées par lui. Le ministère public doit s'attacher à connaître les premières : son art est l'appréciation des secondes. Cette science a une grande influence sur la direction qu'il doit donner à l'action des poursuites.

Dans l'ancienne législation, une foule d'actions repréhensibles ne pouvait être poursuivie que sur la demande des parties. La législation nouvelle a rendu l'action publique indépendante de toutes les transactions privées. Cette rigueur est sans doute une régularité de justice, puisqu'elle soumet à un même niveau les actions dont la morale est blessée. Mais qu'il se tromperait, celui qui, à l'appui de cette disposition, s'armerait d'une inflexibilité absolue, et, pour être d'accord avec la loi plus qu'avec sa raison, préférait à une déviation salutaire, une instruction qu'accompagnerait ses regrets et sa propre censure! Il est des cas où le discernement du magistrat, chargé des premières poursuites, peut être plus utile à la société que ne l'aurait été toute l'équité d'un tribunal. Il distingue les fautes échappées à la légèreté de l'inexpérience, des crimes de la perversité qui s'est mise en rebellion avec l'état moral. Sa prudence apprécie ces sentimens que le contact du mal n'a encore qu'altérés et qui, conservant la pudeur dans la honte, manifestent l'honnêteté même de leur auteur, tout en accusant sa faiblesse. Il se garde de les empoisonner entièrement par la flétrissure des peines, et se justifie lui-même, en ramenant à la vertu, par le repentir et la reconnaissance, celui qu'un moment seul avait pu égarer (1). Noble et douce préroga-

---

(1) Dans un des cantons de l'arrondissement de Tours, il y a quelques années, un jeune ouvrier avait été appelé dans une campagne pour quelques travaux de son état. Au milieu du jour on apporta au propriétaire une somme de vingt-cinq louis en or. Les espèces furent comptées, repliées dans leur papier et replacées par lui sur sa cheminée.

Sur ces entrefaites, le jeune homme arrive dans la chambre, entend le son de l'argent, et aperçoit la négligence du maître. Comme par ses habitudes honnêtes il pouvait aller librement dans le château sans être surveillé, dans un des momens où il se trouva seul vis-à-vis le rouleau d'or, pensant n'être vu de personne, il céda à la tentation, et le déroba.

Cependant les recherches s'activent, le juge de paix s'informe : les soupçons tombent sur l'ouvrier.

Le juge de paix le fait venir, lui parle avec bonté, lui démontre que les circonstances sont telles, que les soupçons ne peuvent se diriger que sur lui, et que seul il peut être coupable de ce vol. Soit frayeur, soit repentir soit trouble, le jeune homme tombe aux pieds du juge, et reconnaît sa faute. « Monsieur, lui dit-il, depuis ce moment je n'ai pas de repos. L'or est au pied d'un arbre, enterré; je n'en sais pas le compte : je n'ai pas ouvert le

tive qui rend la magistrature toute bienfaisante; mais dont l'usage doit être bien rare, car il faut se garder des illusions chères à l'indulgence qui pardonne autant que des erreurs de cette sévérité qui ne permet pas au moindre écart de rester impuni (1).

---

rouleau. Je n'ai pu dormir depuis ce jour. Monsieur le juge, j'ai mérité la mort ! »

Le magistrat le console, le rend à lui-même, profite de son état pour le ramener à des sentimens vertueux.

L'argent fut restitué au véritable propriétaire; mais l'auteur du vol ne demeura connu qu'à l'officier de police judiciaire.

Depuis ce jour le jeune homme est le mieux famé du canton.

(1) Cette prérogative n'est pas écrite dans la loi, et elle ne pouvait l'être; mais elle a sa source dans l'humanité, la raison, la force des choses et le bien public qu'il faut quelquefois confier à la sagesse des hommes.

CHAPITRE XIII.

Des Formes de l'Accusation (1).

Le même article 4 de la Charte d'après lequel nul ne peut-être arrêté et poursuivi, que dans les formes voulues par la loi, est aussi destiné à mettre à couvert des atteintes injustes la liberté

(1) Dans les états modérés, où la tête du moindre citoyen est considérable, on ne lui ôte son honneur et ses biens qu'après un long examen ; on ne le prive de la vie que lorsque la patrie elle-même l'attaque, et elle ne l'attaque qu'en lui laissant tous les moyens possibles de la défendre. — Montesquieu, *Esprit des lois*, l. 6, ch. 2, tom. 1.

Si vous examinez les formalités de la justice par rapport à la peine qu'a un citoyen à se faire rendre son bien, vous en trouverez sans doute trop ; si vous les regardez dans le rapport qu'elles ont avec la liberté et la sûreté des citoyens, vous en trouverez souvent trop peu, et vous verrez que les peines, les dépenses, les longueurs, les dangers même de la justice sont le prix que chacun donne pour sa liberté. — Montesquieu, *Esprit des lois*, l. 6, ch. 2.

individuelle. Sans des formes tutélaires, elle serait livrée aux vexations de la violence, et l'accusation ne deviendrait bientôt plus qu'une tyrannie. Au contraire, une scrupuleuse observation de tout ce que prescrit la loi et une juste circonscription dans le cercle des mesures qu'elle a tracées, forment, de la part du magistrat, la garantie qu'il peut offrir aux accusés.

Des formes lentes et solennelles assurent aussi à la justice le suffrage de l'opinion. Ils ne saurait y avoir en effet d'expédiens en matière criminelle. Avec des méthodes expéditives on aurait sans doute des condamnations; mais pas de jugement. Le peuple qui se demande qu'elle a été la marche de la justice n'apercevrait point des coupables, mais des victimes. Il plaindrait au lieu d'applaudir; les témoignages de son intérêt, remplaçant ceux de la satisfaction, seraient la censure des arrêts, et comme, au milieu du vain spectacle des supplices, il n'éprouverait point le sentiment si doux de la protection des lois; mais la crainte d'être opprimé par elles, leur effet serait manqué.

Chez les Romains, le préteur à son avènement à ses fonctions annuelles, réglait la manière dont seraient jugées les affaires civiles pendant le temps de sa préture. Les actions criminelles au contraire ne pouvaient être que *légitimes*. La loi seule les réglait non point les édits.

En France, on a de tout temps senti la nécessité des formes judiciaires, tellement que des ordonnances y avaient régularisé cette partie de la législation lorsqu'elle manquait encore de lois pénales.

Mais le peuple des Francs qui ne jugeait digne de les gouverner que celui qui les menait à la victoire, était étranger à la grande idée de la séparation des pouvoirs. Aussi voit-on que jusques à la révolution le magistrat informateur siégeait avec les juges de jugement et y avait voix délibérative. Les Romains l'entendaient mieux, ils avaient un magistrat particulier chargé des informations et qui n'était ni accusateur, ni juge (1).

En général, le principe de tout système d'accusation est que la charge d'accuser soit séparée de celle de juger. La violation de ce principe est la source des arrêts iniques. Elle se rattache souvent à ces coups d'état trop fameux dans les

---

(1) Les Romains craignirent que les traces profondes, souvent laissées par les premières impressions, ne donnassent des préjugés d'une dangereuse influence, et pensèrent qu'un second magistrat jugerait mieux le mérite des témoignages et la validité de la procédure. — *Lois pénales*, de M. Pastoret, l. 4, p. 148.

annales judiciaires, alors que toutes les formes étaient foulées aux pieds par les tribunaux qui ne jugeaient plus que dans l'intérêt s depassions et des vengeances. Elle ne compte que trop de victimes, Anaxagor, Socrate, Sidney; et de nos jours n'a-t-elle pas enfanté le plus grand crime de notre histoire (1)?

Dans notre législation, le magistrat qui a poursuivi les coupables n'a pas le droit de les punir. Le pouvoir de poursuivre a même été séparé de celui d'instruire; distinction salutaire que la législation première n'avait pas encore suffisamment faite; elle ne fut que préparée par la loi du 7 pluviôse an IX et fixée d'une manière plus absolue que par la loi nouvelle. En effet, sous les Codes intermédiaires, les fonctions de ministère public et de juge n'avaient pas été soigneusement limitées. La confusion existait entre les lois de poursuite et celles d'instruction. L'établissement des magistrats de sûreté en fut un amendement heureux; mais il entraîna apres

(1) « Je cherche ici des juges, et ne trouve que des accu« sateurs, » dit le vertueux Malesherbes, quand il parut devant la convention.

« Le procès de Louis XVI ne fut pas seulement d'une souveraine iniquité, en ce que ce vertueux monarque n'avait pas mérité la mort; mais ce fut une monstrueuse illégalité, parce que ceux qui se firent ses juges n'avaient pas le droit de le juger. » — DUPIN.

lui l'inconvénient d'abandonner à cet officier une action trop puissante. Libre de la direction des poursuites il pouvait la suivre à son gré. La loi nouvelle corrigea ces abus et, prenant une juste mesure, elle régla les pouvoirs de manière à maintenir entre eux l'équilibre.

Aujourd'hui trois pouvoirs se partagent les droits qui concourent à la constitution des accusations ; le pouvoir qui poursuit pour l'application des peines, celui qui surveille et constate et celui qui instruit ou rassemble les preuves. A ses pouvoirs s'unit le pouvoir de justice qui détermine et sanctionne leurs opérations.

Le pouvoir qui requiert et poursuit est exercé par le procureur du roi qui a l'initiative dans la procédure générale et l'initiative dans ses diverses parties distinctes. Il procède à cette initiative par voie de réquisition. La justice est une puissance qui ne se meut pas d'elle-même, le ministere public lui donne l'impulsion.

Le pouvoir qui recherche et constate, est exercé par les officiers de la police judiciaire, auxquels le législateur a assigné une destination différente suivant le degre de confiance qu'il a cru devoir leur accorder, selon leur titre. Leurs attributions sont générales et s'appliquent à l'universabilité des délits. Ce pouvoir est exercé aussi par d'autres officiers repandus dans diverses branches d'administration de l'état qui réclament une inspection à part. Leurs attributions sont spéciales et s'appliquent à des cas particuliers. Quoique ces derniers n'aient pas le titre d'officiers de police judiciaire, ils en remplissent les fonctions dans la partie à laquelle ils sont attachés. Comment avec cette activité de suite et de vigilance les atteintes portées à la loi échapperaient-elles à la constatation? tant d'agens entourent le crime de toutes parts; et telle est l'importance de ces premiers travaux que de leurs imperfections dépend souvent le destin des procés.

Le pouvoir d'instruire est exercé par un juge du tribunal civil, au choix du roi et dont la charge est honorée déjà par cette distinction, sous le nom de juge instructeur il est ce qu'était, sous les Codes intermédiaires, les directeurs du jury. Un accusateur avait vivement poursuivi un citoyen devant l'empereur Julien. — Eh quoi! Cézar suffirait-il de nier, s'écriait-il, en le voyant absoudre. — Pour condamner suffit-il donc d'accuser, lui répondit l'empereur : — Il faut des titres à l'accusation; mais celui qui a requis les recherches est inhabile à en reconnaître la validité. Trop enclin à se faire illusion sur ses découvertes, il y met d'autant plus de prix qu'elles lui ont coûté plus de soin. Le juge instructeur qui n'a pas à s'abuser sur de premiers soupçons, rassemble les élémens que lui transmet le procureur du roi, en prend connaissance, en apprécie le mérite et réunit les preuves. La constatation, l'audition des témoins, l'interrogatoire sont ses moyens. Il les soutient à l'aide du droit, dont il est armé, de contraindre soit les inculpés, soit les témoins à se présenter devant lui. La précision dans le détail des constats, la franchise et la sagacité dans les interrogatoires, la fidélité dans les rédactions, forment le caractère de l'instruction. « Le juge doit tout à la fois concilier l'activité avec le devoir de ne rien négliger de ce qu'il est utile d'approfondir (1). »

Le pouvoir de justice fut introduit dans le système de l'accusation par le Code de 1808.

Il est de la nature humaine de se complaire dans ses œuvres et d'aimer à se tromper elle-même. Le magistrat chargé de l'action publique et celui qui fait l'instruction, trop facilement séduits par leur propre ouvrage pourraient, dans l'aveuglement d'une prévention funeste, s'égarer sur ses résultats. Il était donc juste qu'ils ne demeurassent pas les appréciateurs de leurs opérations et qu'une autorité différente déterminât si l'inculpé devait être soumis aux épreuves d'un débat criminel. Cette époque du pro-

(1) Discours de l'orateur du gouvernement. L'instruction est l'ame des procès. — AYRAULT, p. 5.

ces est d'un grand intérêt pour l'accusé, car elle décide souvent de son sort. Pour lui tout est grave, terrible, surtout quand sur lui plane le soupçon d'un crime. La maison de justice va s'ouvrir et avec lui vont entrer dans cette enceinte les peines de la captivité, les angoises de l'attente, les craintes de l'avenir. Ne sont-ils pas, hélas! un assez grand malheur pour éveiller tous les scrupules de la législation sur cette partie de la procédure!

Sous le Code du 3 brumaire an IV, un jury, composé de huit citoyens, remplissait la fonction délicate de statuer sur la mise en accusation. Il ne répondit point aux espérances qu'on en avait conçues. La méconnaissance de ses attributions avait été la cause de nombreuses erreurs funestes aux accusés et de déclarations irréfléchies qui suspendirent trop souvent le cours de la justice.

Le législateur a senti que décider, sur un simple aperçu d'une instruction incomplete, s'il y a lieu ou non à mettre un prévenu en accusation, est une opération de l'esprit qui raisonne du connu aux probabilités de ce qui le sera d'avantage, et que cette opération ne peut être soumise qu'à des hommes qui ont l'habitude de la faire. Il a donc confié aux juges la mise en accusation.

Telle est à cet égard la sagesse de la loi qu'elle

n'a subordonné la décision qu'il y a lieu à l'accusation d'un délit qu'à l'opinion de la chambre du conseil du tribunal de première instance, tandis qu'au contraire elle a subordonné la décision qu'il y a lieu à l'accusation d'un crime d'abord à l'opinion de la chambre du conseil dont la déclaration, dans le cas de l'affirmative n'est que provisoire, et, en second lieu, a celle de la chambre de mise en accusation qui statue par arrêt définitif. Cette détermination d'un premier tribunal sanctionné par une cour royale présente à l'accusé une double garantie, et met ainsi à couvert l'intérêt social et l'intérêt individuel.

Le succès a été le prix de cette combinaison. Les membres des tribunaux et des cours royales, guidés par l'habitude des affaires, savent distinguer habilement les fortes présomptions des indices faibles, et saisir les nuances qui eussent échappées à des yeux mal exercés. Ils remplissent ainsi avec avantage les fonctions du jury d'accusation qu'ils ont remplacé.

Les mouvemens que le ministère public ordonne ou exécute par lui-même pour mettre en jeu ces pouvoirs forment en France l'action publique.

Le procureur général la dirige dans le ressort de la cour royale. Le procureur du roi dans celui de premiere instance près lequel il est placé. Or, le procureur général ne peut exercer par lui-même les poursuites dans toute l'étendue de son ressort ; le procureur du roi ne peut non plus tout entendre par lui-même. Il faut donc qu'ils se multiplient à l'aide d'agens distribués de manière à ce qu'aucune partie du royaume ne manque de surveillance. Ces agens sont les officiers de police judiciaire. Utiles soutiens d'une puissance vigilante, ces derniers opèrent sous les yeux du procureur du roi et l'aident, comme des leviers secourables, à soulever le fardeau d'une administration difficile. Ils lui remettent les élémens des preuves éparses qu'ils ont recueillies et ce magistrat en compose ce faisceau que l'on appelle les charges de l'accusation.

Les pouvoirs constitutifs de l'accusation ne sont point essentiellement distincts et séparés. Au contraire, leurs actions se succèdent en s'unissant. Elles se fortifient en se prêtant un appui mutuel, de maniere qu'elles ont pour ainsi dire entre elles des points de jointure qui servent à en lier l'harmonie ; elles établissent, par leur concours et leur ensemble, sur des bases régulières, l'édifice de l'accusation.

Leur marche s'emblerait devoir s'embarasser par la complication de leurs ressorts. Dans la réalité elle est simple.

« Des officiers de police judiciaire, dit l'orateur du gouvernement dans la séance du 7 novembre 1808, répandus sur toute la surface de l'état veillent sans cesse pour la repression des crimes, des délits, des contraventions. Ils constatent les faits chacun dans sa partie. Le procureur du roi est le centre où tout vient aboutir. Le juge d'instruction réunit toutes les preuves, de quelque nature qu'elles puissent être et soumet l'affaire à la chambre du conseil. Enfin s'élève au-dessus des premiers tribunaux un corps de magistrature fortement constitué inaccessible à la séduction et à la crainte, éloigné de tous les motifs de considérations locales qui ont pu égarer les premiers magistrats. C'est là, que se forme la déclaration importante s'il y a lieu à accusation (1). »

---

(1) Dans les cas les plus ordinaires, et suivant le droit commun, la *prévention* pour crime a été attribuée au tribunal de première instance, la *mise en accusation* à la cour royale, la *conviction* au jury, la *condamnation* aux magistrats de la cour d'assises. — BOURGUIGNON, *Préface* de son *Manuel d'instruction criminelle*.

CHAPITRE XIV.

De la Partie privée.

Ce système ne porte nulle atteinte aux droits de la partie civile. Blessée dans sa fortune ou dans son honneur ou dans sa personne, elle peut encore rester accusatrice. Mais dans nos mœurs, il n'a pas été jugé convenable que la justice qui doit être impassible donnât à sa plainte l'accent du ressentiment, ni qu'un citoyen put demander une peine capitale ou infamante contre celui dont il se plaint. La partie civile ne peut réclamer que des dommages et intérêts pour les torts qu'elle a soufferts.

Peut-être est-ce une opinion plus ingénieuse que juste d'attribuer l'esprit du ministère public, qui éteint toutes les vengeances privées, à l'influence de la morale chrétienne, qui commande le pardon des injures, et de trouver au principe qui accorde à la partie civile une action en dommages et intérêts soldés en argent la même source qu'à cette loi salique qui réduit la perte d'un membre au paiement de quelques pièces de monnaie.

Quoiqu'il en soit, la loi reconnaît qu'il nait des délits deux intérêts; l'un privé qui se résout en dommages et intérêts; l'autre public qui est la punition à infliger. Delà, deux actions, l'une privée, elle est exercée par une partie privée; l'autre publique, elle est exercée par le magistrat chargé de l'application des peines. En ce sens, ces deux parties sont parties poursuivantes; mais l'action privée, n'étant que l'accessoire de l'action publique, en est essentiellement dépendante.

L'accusation n'est jamais poursuivie au nom de la partie privée. Le ministère public demeure ainsi le véritable accusateur.

CHAPITRE XV.

Résumé des attributions du Ministère public, en matière criminelle.

Le ministère public a l'initiative, par voie de réquisition, de toutes les opérations importantes de la procédure criminelle.

Chargé de rechercher les atteintes portées à la loi, il établit sur elles une surveillance active et constante qu'il entretient à l'aide de sa correspondance avec les officiers de police judiciaire, ses auxiliaires.

Il reçoit d'eux les dénonciations, les plaintes, la nouvelle de la rumeur publique, les procès-verbaux, les pieces, les renseignemens à l'appui, et leur transmet ses avis sur la marche qu'ils doivent tenir.

Il recueille les plaintes, les dénonciations, les avertissemens qui lui sont présentés.

Il constate par lui-même le crime en flagrant délit, se transporte sur les lieux pour en saisir, en fixer les vestiges, et s'empare de tout ce qui peut servir à prouver les circonstances du fait et à faire découvrir le coupable.

Il requiert le juge d'instruction d'interroger les prévenus, d'entendre les témoins, et d'informer par de nouveaux constats, sur les lieux, s'il est nécessaire.

Dans sa main se réunissent tous les titres de l'accusation qu'il intente, il les soumet aux épurations d'une instruction régulière, et les présente à la chambre du conseil, pour qu'il y soit déclaré si l'inculpé sera mis en prévention.

Les formes conservatrices des droits de l'accusé et de la société sont sous sa sauve garde, et il veille à ce qu'elles soient fidelement observées.

Si l'accusé est mis en prévention d'un délit, il le traduit devant les tribunaux correctionnels chargés de le punir, et y poursuit sa condamnation. Est-il, au contraire, mis en prévention d'un crime? il renvoie les pièces au procureur général pour qu'il procède suivant les vœux de la loi.

Le ministère public, près les cours royales, met l'affaire en état dans les cinq jours de la réception des pièces.

Il fait son rapport devant la section de la cour royale qui est tenu de se réunir à la chambre du conseil, pour y statuer sur ses réquisitions.

Si l'affaire est de la nature de celles qui sont réservées à la haute cour royale ou à la cour de cassation, il en demande la suspension ou le renvoi.

Il se retire après avoir déposé ses pièces sur le bureau.

Il s'occupe de faire exécuter l'arrêt de la cour si elle ordonne des informations nouvelles ; et fait son rapport dans les cinq jours de la remise des pièces nouvelles.

L'acte d'accusation est dressé au nom du procureur général.

L'arrêt de renvoi et l'acte d'accusation sont signifiés à l'accusé à sa diligence.

L'accusé, enfin, est transféré par ses ordres dans la maison de détention, près la cour d'assises qui le jugera.

Voilà pour ce qui concerne l'instruction ; mais il reste à l'accusateur des devoirs à remplir.

Le jour où l'accusé sera jugé est arrivé, enfin. Il comparaît, tremblant au milieu des gardes qui l'amènent. D'un pas chancelant, il monte les degrés qu'on marque à son indécision ; à peine ose-t-il lever les yeux sur la multitude qui garnit l'auditoire. Ses regards se promènent avec inquiétude pour rencontrer ses juges. Il s'assied.

Le président des assises l'interroge, fait prêter serment aux jurés, et remet au ministère public le soin de la parole.

L'accusateur public se lève :

Ah! que ce moment doit être terrible pour l'accusé ! magistrats, accusateurs, gardez-vous par vos menaces d'ajouter encore à ses alarmes. N'oubliez pas que la modération doit être votre caractère distinctif. Pensez que c'est la loi qui accuse. Organes de la loi, soyez impassibles comme elle !

L'exposé de l'acte d'accusation est présenté aux jurés avec clarté et pécision, sans omission de détails utiles. Les débats s'ouvrent : préparés par le procureur général, ils sont dirigés par le président.

Le ministère public développe les charges de l'accusation.

Ses soins s'étendent sur la rédaction des questions.

Enfin, il requiert l'application de la peine. Il le fait au nom du roi, dont le souvenir sanctionne cet acte de pouvoir qui est si terrible.

Jusques ici, ces fonctions diverses ont été pénibles ; mais la plus triste de toutes n'a pas encore été remplie. Moment bien cruellement solennel ! il faudrait le livrer à l'oubli si l'exemple de la punition du crime n'était pas la leçon des peuples. Dans les temps glorieux de Rome, le sénat prenait le deuil lorsque l'on faisait mourir un citoyen. La patrie, en effet, ne perdait-elle pas un de ses membres ? Oui, que l'humanité se voile, car le châtiment s'exécute! Pour nous, instrumens des vengeances de la justice, qui avons transmis ses ordres, que les regrets d'une douleur individuelle se taisent devant le sentiment du devoir satisfait, et d'un acte utile au bien général consommé! L'orage passe : il frappe une demeure isolée; mais il a purifié l'air dans la contrée qu'il traversa. Plaignons la famille qui reste, laissons à une religion divine ses dogmes consolans, et n'oublions pas cette loi de Zoroastre qui commandait d'ouvrir ses temples à la priere, lorsqu'un condamné marchait au supplice.

L'accusation judiciaire, d'après cet exposé, ne semble-t-elle pas constituer la procédure elle-même? On dirait que le législateur l'a mise sous la garde du ministère public. Depuis son origine, jusques à son terme, il assiste à chacun de ses actes. Son action la fait naître, lui donne l'impulsion, l'accélère, l'éclaire, la soutient, la dirige, lui imprime un caractère, la vivifie de son esprit, l'anime de sa pensée, la conduit jusques au jugement définitif, la régularise, enfin, comme une loi vivante. Sphère immense de puissance et d'activité, elle semblerait être dangereuse; mais la marche, des corps qui la composent, est organisée par des régles fixes. Ils ne peuvent rester ni en deçà ni au delà du cercle sur lequel ils se développent ; et telle est la précision de leurs mouvemens ; que leurs écarts seraient difficiles.

CHAPITRE XVI.

Observations sur quelques Points du système de l'accusation judiciaire (1).

A l'exemple des peuples que l'histoire montre sensibles à la liberté, nous devons nous attacher à régulariser les mesures qui tendraient à perfectionner notre système d'accusation judiciaire (2).

Habitués à courber devant les volontés impériales nous étions tombés dans l'oubli de nos droits lorsque la Charte est venue nous relever

(1) Les connaissances sur les règles les plus sûres que l'on puisse tenir dans les jugemens criminels, intéressent le genre humain plus qu'aucune chose qu'il y ait au monde. — *Esprit des lois*, liv. 12, ch. 2.

(2) Les Romains, comme tous les peuples dignes de la liberté, avaient senti la liaison étroite qui existe entre les principes du gouvernement et les principes de la législation criminelle. — *Lois pénales*, liv. 4, p. 152.

de nous mêmes. Qu'importe que les conditions de ce pacte aient été dictées par une seule partie lorsqu'une discussion solennelle nous eut fait obtenir un moins large bénéfice dans ce partage des libertés sociales ! il y a quelque chose de doux, au contraire, à penser que nous devons ces avantages à une concession royale. Ce bienfait est le premier anneau de cette chaine d'affections qui doit unir les Français à leur monarque. Acte solennel de sa munificence, conservons la Charte avec soin puisqu'elle est la conception d'une haute sagesse et qu'elle soit le gage de la confiance que nous devons à nos rois !

La Charte n'est, selon les publicistes, que le cadre de notre organisation publique. Les lois qui s'y rattachent doivent être mises en harmonie avec elle (1).

Généralement en France lorsque l'on parle de législation criminelle, le mot de réforme se fait entendre. L'entreprendre au milieu de l'orage des partis, c'est risquer de la voir marquée de leur fatale empreinte. L'agitation de si grands intérêts veut du calme. Les change-

---

(1) « Je renouvelerai sur les autels, » a dit S. M. dans son discours à la rentrée des chambres de 1819, « le serment d'affermir les institutions fondées sur cette Charte « que je chéris davantage depuis que les Français, par « un sentiment unanime, s'y sont franchement ralliés. »

mens que l'on fait entrer à coup de force dans les institutions des gouvernemens ont rarement un effet salutaire. Il faut aussi se défier des spéculations qui se concilient mal avec les opinions positives de l'expérience, et dont l'essai dangereux se fait qu'aux dépens des peuples. L'esprit d'innovation brise tout avec sa hache destructive; la serpe économe au contraire émonde, choisit, corrige, élague les rameaux flétris, facilite la végétation et prépare une récolte abondante.

« Les lois existantes, dit Bacon, ont pour elles le « préjugé de la sagesse. » Ce mot ingénieux s'applique à leur exécution et non aux observations qu'elles peuvent faire naître. A la vérité, une critique amère de la loi produit parfois des dangers, car elle cache alors une grande perfidie; mais signaler des écueils ce n'est pas toujours vouloir entraver la marche des vaisseaux. L'honnête homme peut offrir à son pays le tribut de ses méditations s'il les présume utiles, car, au milieu de ses doutes, il ne défend pas le respect à la loi. S'il n'attend d'autre prix de ses veilles qu'une satisfaction intime de ce qu'une seule de ses pensées a pu profiter au bien public, qui peut la lui refuser (1)?

---

(1) Locke, chargé par un peuple de lui donner un Code, leur imposa, pour première loi, de le reviser et d'y

N'y a-t-il pas dans notre système d'accusation judiciaire des moyens d'amélioration ?

§ I. — *Des Préfets.*

La faculté accordée aux préfets de s'immicer, en qualité d'officiers de police judiciaire, dans les poursuites des délits, est envisagée d'un œil défavorable par les tribunaux. L'autorité judiciaire doit être jalouse des prérogatives de son indépendance et la présence d'un administrateur purement civil, au milieu de ses opérations, en blesse la dignité. L'action du ministère public, gênée par elle, cesse d'être libre et franche. Le sentiment de la supériorité que donne à ces agens cette foule de pouvoirs réunis en leurs mains exerce sur elle sa fâcheuse et humiliante influence. Il est tel préfet qui n'a pas craint de demander à un procureur du roi un compte presque journalier des opérations de son tribunal, et il s'est trouvé tel homme assez faible pour le rendre. Inconvénance et abus! ne devons-nous pas solliciter des lois la conservation de l'honneur d'une magistrature qui ne doit marcher que l'égale d'elle-même ?

---

apporter les améliorations que le temps pourrait faire connaître.

Contraire au principe de la séparation des pouvoirs, l'investiture de cette charge qu'ont reçu les préfets en est une violation (1).

Leur contact avec l'administration de la justice est l'effroi des administrés. Ils redoublent en eux ce caractère indécis et confus, judiciaire et administratif, qui laisse après lui la pensée d'une marche sans règles fixes, et d'une procédure avec des formes inusitées, puisque ces préfets doivent peu connaître celle de la loi. Ils les voient, d'un côté, irrévocables, à l'abri de la censure et de la surveillance des grands corps judiciaires ; et, de l'autre, asservis aux ordres des ministres : ils s'effraient pour leur liberté d'un arbitraire qui sans cesse les menace (2)

De quelle utilité peuvent être, dans des lieux où se trouvent des juges d'instruction, des maires, des commissaires de police, des procureurs du roi, ces administrateurs au civil?

---

(1) Les préfets doivent rester aussi étrangers aux attributions de l'autorité judiciaire, que les magistrats de l'ordre judiciaire doivent l'être aux attributions de l'autorité administrative. — *Le Code d'inst. crim. et le Code pénal en harmonie avec la Charte*, par CARNOT, membre de la cour de cassation. Chez Plancher, libraire, quai Saint-Michel.

(2) Entre la justice et la politique, tout rapport est contagieux, tout contact est pestilentiel. — DUPIN.

L'avantage d'agir par eux-mêmes qu'ils procurent à la justice, si c'en est un, peut être d'ailleurs facilement remplacé par l'obligation de transmettre promptement à l'autorité judiciaire les nouvelles qu'ils auraient reçues des délits.

§ II. — *Violation du Domicile.*

La sainteté de l'union conjugale, la douceur du ménage, les tendres affections de famille, la tranquillité domestique, l'accomplissement des devoirs de parent et de citoyen, la confiance que l'on vit sous la garde d'un gouvernement juste, toutes ces choses que la loi révère, elle les met à couvert si elle conserve les droits du domicile.

Après lui-même y a-t-il rien de plus cher à l'homme! Dans les temps de calme, son toit hospitalier protége son repos et son bonheur. Dans les momens difficiles, il goûte, à son abri, le charme de la sécurité qui lui devient plus chère encore s'il a pu la sauver des orages.

La maison des Romains était sous la garde des dieux et de la loi.

La forteresse d'un Anglais c'est sa demeure(1).

---

(1) Les Athéniens ayant ordonné qu'on visitât toutes les maisons de la ville, pour voir si on y trouverait l'or ou

En France, la maison de toute personne, habitant le territoire français, est inviolable. Pendant la nuit nul n'a le droit d'y entrer que dans le cas d'incendie, d'inondation ou de réclamation venant de l'intérieur de la maison. Pendant le jour on peut y entrer pour un objet spécial déterminé, ou par une loi, ou par un ordre émané de l'autorité publique.

Voilà sans doute une belle loi; mais que devient elle si le Code ne contient pas des dispositions sévères contre celui qui aura, volontairement et à dessein de nuire, violé un domicile?

§ III. — *Des Arrestations.*

L'arrestation des prévenus n'est qu'une mesure de précaution non une peine. Mais elle est la source des plus vives douleurs et dès-lors le droit en doit être disposé avec ména-

---

l'argent d'Haspale, ils ne voulurent pas que l'on entrât ni que l'on fouillât dans la maison d'un nouveau marié. — PLUTARQUE.

Les visites domiciliaires, sous Rome libre, n'étaient permises que pour rechercher ceux qui détournaient les eaux des fontaines publiques. — V. l. 6 au Code *de aquæductu.*

gement, d'après des règles fixes et des formes prescrites.

Les arrestations ne peuvent être faites qu'en vertu de mandats ou ordonnances émanées d'une autorité constituée. A l'aide des mandats le magistrat peut contraindre les présumés coupables : ils l'arment ainsi d'un grand pouvoir, qui serait bien dangereux, si l'usage en était indéterminé.

Il faut rendre justice au Code d'instruction criminelle; les dispositions, relatives aux mandats sont puisées dans la sagesse et dans l'humanité. Quant au fond, un fonctionnaire grave peut seul les décerner : c'est le juge d'instruction; et si les officiers de police judiciaire participent à ce droit, c'est dans le cas bien rare du flagrant délit, quand des traces vivantes encore manifestent le crime et signalent son auteur. Quant à la forme je dirai ma pensée.

Les Romains se montraient scrupuleux observateurs des formules. Ils les voulaient claires et précises, et n'y trouvaient jamais des détails trop minutieux. Les formules, en matière d'accusation, que nous a conservées le jurisconsulte Paul, et rappelé, le président Brisson, témoignent quel prix ils attachaient à l'exactitude de leur rédaction.

Pourquoi la loi qui a exigé des formes sages fait pour les mandats d'arrêts n'en n'a-t-elle pas l'application aux mandats d'amener et de dépôt.

Le mandat de dépôt est provisoire ; mais un homme peut rester en prison plusieurs mois, et si le mandat de dépôt ne porte pas l'énoncé du fait qui a donné lieu à son arrestation, où sera donc la garantie qu'il connaît les motifs pour lesquels on le prive de sa liberté? Les lois de 1791, qui commencèrent à introduire dans la procédure criminelle une régularité qui n'étaient pas dans l'ordonnance de 1770, assimilant le mandat d'arrêt à un jugement, avait décidé que cet acte de privation de la liberté d'un citoyen devait être motivé, par l'enonciation des points de fait et des articles de loi qui l'avaient autorisé. Cette disposition adoptée par le Code du 3 brumaire an IV, la constitution de l'an VIII, et le Code de 1808, est une garantie précieuse de la liberté individuelle contre le magistrat qui ne saurait la ravir à un citoyen, sans juste cause, et pendant un temps indéfini. Le mandat de dépôt, tout provisoire qu'il est, est il autre chose qu'une décision de juge, et doit-il être dégagé de ses garanties?

La même raison de droit ne s'applique point aux mandats de comparution et d'amener : Mais pourquoi ne pas instruire un prévenu des motifs qui le conduisent devant le juge? Pourquoi ne pas le mettre à même de présenter ses défenses?

La loi semble les redouter. Veut-elle donc le surprendre? de la surprise en matière criminelle! C'est un abus que rejettent la raison et l'humanité! d'ailleurs, ces derniers mandats sont des assignations. Ils doivent contenir l'énoncé de leurs motifs. Ils ont remplacé le décret d'ajournement pour être ouï à comparaître en personne, de l'ordonnance de 1670. Eh bien! sous cette législation, par une déclaration de décembre 1780, les juges étaient tenus d'exprimer, dans les décrets d'ajournement personnel, le titre de l'accusation pour lequel ils décernaient ce décret, à peine d'interdiction de leur charge.

Ne profiterons-nous pas de ce qu'il y a de salutaire dans cette jurisprudence de l'ordonnance de 1670?

Les intérêts les plus chers aux dernières et nombreuses classes du peuple, que le législateur doit se garder d'oublier dans ses calculs, sont ceux de sa liberté personnelle et de son domicile. Le reste est trop loin d'elles pour qu'elles s'y attachent. Assurez ces droits en diminuant la charge des impôts, et, habituées comme elles sont, à recevoir de la Providence qui, seule, connaît le secret de leur existence, elles seront contentes de leur sort, et ne s'inquiéteront pas comment on le gouverne.

§ IV. — *De la Liberté individuelle.*

Un sage qui a développé sur les lois de belles spéculations, et qui, certes, n'est pas suspect, Platon a dit « que l'inévitable effet d'une liberté excessive pour les états comme pour les particuliers est de dégénérer en une excessive servitude. » La liberté individuelle n'en est pas moins une chose sacrée. Il n'y a que les états despotiques qui ne la considèrent pas telle. Cependant, sous les gouvernemens constitutionnels, quand un acte criminel a été consommé, la nécessité de rétablir la tranquillité publique commande le sacrifice de ce droit. Toutes les législations de l'Europe sont d'accord sur ce point.

L'effet des mesures de prévention des crimes est en général trop incertain pour qu'on lui sacrifie de même le droit de liberté des citoyens. Ce serait les livrer à des soupçons trop souvent irréfléchis, et offrir trop de prétextes aux violences de la tyrannie.

Les crimes d'état ne peuvent-ils pas donner lieu à des exceptions ?

La destruction des fortunes, la perte des réputations, le déchainement des passions particulières, les haines mises aux prises, une issue ouverte aux délits, ce flux et ce reflux des réactions qui, dans leurs agitations terribles, ont l'effet des tempêtes, des ébranlemens communiqués à l'édifice social, et qui en brisent les appuis, ces commotions ressenties à de longs intervalles qui, en achevent la ruine, sont les tristes et trop fréquentes suites des crimes d'état. Plus funestes que les crimes privés, ils sont d'un bien plus important intérêt à la législation.

Comme les crimes privés, ils sont conçus dans les ténèbres ou le silence des lieux cachés. Mais à la différence de ces derniers qui peuvent recevoir une exécution spontanée, leur consommation ne peut être confiée à la précipitation et à ses pétulances. Ils ont besoin de relations suivies pour arrêter leurs plans, et des maturités du temps et de la réflexion pour se perpétuer. Ils offrent donc à la vigilance publique plus de moyens de les découvrir. Si elle aperçoit leurs traces, elles les suit, les pénètre, et prévient le malheur de l'état.

Ils ont encore cette différence avec les crimes privés, que leur marche est plus pénible à arrêter. Les forces des conspirations croissent à mesure qu'elles se développent; plus elles avancent, plus il est difficile de leur opposer des digues.

La prévention puise donc ses droits dans le principe de la nécessité. Elle est fondée. Elle a une direction. Elle ne frappe pas dans l'ombre. Ses effets sont certains.

D'ailleurs, si le peuple doit être mis à couvert

par la loi, contre les atteintes du pouvoir, la loi doit garantir le pouvoir contre les mouvemens de la multitude. Le mal de l'état est dans la confusion des pouvoirs; mais sa force est dans la vigueur de leur constitution. La puissance, exécutive surtout, qui est l'ame de ces pouvoirs, ne peut subsister si elle n'est soutenue de toutes parts. Malheur aux législations qui, la privant de ses forces actives, la laissent à découvert contre les entreprises du peuple, et placent ainsi le trône sur des sables mouvans! Louis XVI fut dépouillé des moyens de repousser les attaques dirigées contre la couronne, et la constitution de 1790 fut emportée, avec elle, dans la tourmente de la révolution.

Ces principes une fois reconnus, il en dérivrera forcément cette conséquence que, dans les crimes d'état, les gouvernemens doivent être investis du droit d'arrêter ceux qu'ils soupconnent, auteurs de projets coupables, afin de prévenir les effets de la malveillance.

Si ce droit émane de la raison et de la justice, il doit être permanent, et renfermé dans des dispositions immuables. S'il ne s'y trouve pas, je crains bien qu'un jour on ne le réclame encore par ces lois de terreur et de méfiance qui, loin d'inspirer pour lui ce sentiment de sécurité qui doit être son objet, éveillent la pensée de l'oppression et de la haine. Consignons le dans les

Codes pour n'être pas obligés de le rappeler par des lois de circonstance, et ne le consignons point dans ces lois de circonstance que la sagesse du législateur doit empêcher de jamais reparaître (1). Ces lois signalent trop les infirmités morales d'un état, et leur fâcheux effet est d'indisposer les peuples. D'ailleurs, on les vote souvent à l'occasion d'un grand malheur, au milieu des émotions qu'il fait naître, et dans le ressentiment du passé. Elles ne sont plus des mesures de prévention, mais des lois d'irritation. Ne restent-elles pas alors à celui qui, après le danger, va se revêtir de ses armes ? Un bon gouvernement est sans cesse armé et n'est jamais surpris par des attaques.

Il y a, nécessairement, de l'arbitraire dans l'exercice de ce droit. Il faut alors le circonscrire dans de justes limites. Si on n'en écartait pas les dangers, la société en éprouverait plus de désagrémens qu'elle n'en retirerait d'avantages; mais la législation, dont le grand art est de concilier tous les intérêts, ne peut-elle en déterminer l'étendue de manière à allier l'éner-

(1) La loi dernière contre la liberté individuelle, fut une loi de circonstance. MM. les ministres l'ont honorée par leur caractère personnel. Mais quelle loi que celle qui a besoin de l'appui des vertus des hommes !

gie nécessaire pour le soutenir, et l'intérêt dû aux droits des personnes ?

La constitution de l'an III accordait au directoire le droit de retenir, *pendant deux jours seulement*, les individus suspects de complots, contre le gouvernement. Ce délai fut jugé insuffisant. On y suppléa par des *lois de circonstance*.

La constitution de l'an VIII prorogea à dix jours ce même droit d'arrestation. Les forces du gouvernement des consuls s'en accrurent. Il appartenait à Bonaparte, qui fut toujours ingrat envers sa fortune, de fouler aux pieds le respect dû aux libertés civiles, et de former de leurs débris les degrés de sa puissance sacrilége : on sait comment il rendit illusoires tous les droits reconnus par la constitution de l'an VIII, à l'aide, surtout, de cette commission du sénat que, dans son irronie fallacieuse, il osa nommer commission de la liberté individuelle.

On peut, dit Filangeri, trouver dans des lois vicieuses le germe de bonnes lois. Cherchons donc ce germe dans le sénatus-consulte du 28 floréal an XII.

Le délai de dix jours qu'il avait conservé de la constitution de l'an VIII est, en général, suffisant au gouvernement pour apprécier si ses inquiétudes sont fondées; mais quelquefois il n'a pu rassembler toutes les preuves nécessaires à sa conviction; il lui faut alors une prorogation de délai. Devra-t-elle être indéfinie? il y aura trop d'inconvéniens. Alors, comme dans le sénatus-consulte du 28 floréal an XII, qu'une autorité détermine s'il y a lieu ou non à cette prorogation.

Quelle sera cette autorité?

Le triste souvenir que nous a laissé la commission sénatoriale nous permettrait de nous défier d'une commission prise dans la chambre des pairs, si ces membres de la haute chambre nous avaient donné des exemples contraires de vertus et de sagesse; mais ils sont trop près des ministres et trop loin du peuple : ils ne sont pas d'un côté, à l'abri de l'influence de l'homme d'état qu'ils voient chaque jour; et de l'autre, leur intérêt pour les destinées du peuple n'est pas assez immédiate.

Il n'en est pas de même des membres de la chambre des députés; mais choisir dans son sein cette commission, ce serait y établir une opposition forcée, et donner lieu à des débats publics qui contrariaient des opérations dont le succès est censé dépendre du secret.

L'autorité judiciaire est celle qui doit être investie de ce droit.

De tous les corps de l'état, les corps judiciaires sont précisement ceux qui, par leur position, sont moins entraînés à prendre part aux événemens politiques, et à s'animer de leur esprit. A mesure de nos progrès dans la science de nos constitutions, ces corps sentent d'avantage le prix de leur inamovibilité qui, jusqu'à nos jours, fut trop incertaine; et ils se rendent dignes de leur caractère. Il est dans l'esprit de leur indépendance et de leur institution, de protéger la liberté individuelle contre les violations. Cette protection établit entre les corps judiciaires ces rapports de confiance et d'amour qui ajoutent à l'intérêt de leurs arrêts. Plus près des malheureux, ils sont moins étrangers à leurs peines : habitués à juger les actions humaines, qui donc est plus à même d'apprécier les présomptions qui pesent sur l'inculpé, et à prévoir la destinée des soupçons, et d'indices soumis à leur examen ?

« C'est aux tribunaux que doit être remis le trésor sacré de la liberté individuelle. Déjà dépositaires des droits les plus chers des citoyens, de leur état, de leurs propriétés, de leur honneur commun, pourrait-on hésiter à leur confier encore la garde et la défense de leur liberté (1) ? »

Si nous sommes une nation trop vive pour que chez nous la liberté individuelle ne soit

---

(1) Voy. l'ouvrage de M. Cottu, *de la Liberté individuelle.*

pas indéfinie, investissez les cours royales du droit de décider si l'intérêt suprême de l'etat exige la détention d'un prévenu au-delà de dix jours, que les procureurs du roi soient tenus de donner avis de toute détention qui serait faite au-delà de ce terme, qu'elles puissent mettre en liberté tous ceux qui ne seraient pas détenus en vertu d'un ordre émané des ministres, et signé de trois au moins d'entre eux, qu'elles veillent si, à leur égard, les dispositions de l'humanité sont observées, qu'elles entendent les plaintes des prévenus, et puissent le mettre en liberté si l'indécision des ministres se prolongeait au-delà du terme nouveau; et alors, les peuples qui veront, entre le pouvoir et eux, des corps intermédiaires, auront moins d'effroi pour leur liberté. Habitués à les envisager comme leur sauve garde, ils les entoureront de leur respect et de leur confiance; et un honorable privilége, isolant moins des citoyens la magistrature, il deviendra le principe de son intérêt pour leur sort, et de son énergie à le défendre.

Si cette exception, au droit de la liberté individuelle, n'est pas organisée, circonscrite, et dépouillée de toutes ses rigueurs, préférons-lui la liberté indéfinie avec tout le danger de ses écarts (1).

---

(1) En Pologne nul ne peut être mis en prison qu'après

§ V. — *Des Maisons de détention.*

La distinction que le Code d'instruction criminelle a faite des prisons, destinées à retenir les prévenus, par mesure de sûreté, d'avec celles qui ont pour objet de renfermer un condamné, est à la fois humaine et sage. Mais l'exécution de ces dispositions salutaires est du domaine de l'administration civile.

Déjà cependant le sort des coupables est amélioré dans ces maisons centrales dont le régime est devenu le sujet de l'intérêt et des soins du législateur. Une association honorable, protégée par un prince du sang, bien digne de réaliser les projets humains, de Louis XVI (1), s'oc-

---

avoir été juridiquement convaincu. Les rois, dans les *pacta conventa*, juraient de conserver cette garantie.

En Danemarck, personne ne peut être mis en prison, à moins qu'il n'ait été surpris commettant un délit à peine capitale ou corporelle, ou qu'il n'ait avoué son crime en justice, ou qu'il n'ait été condamné comme coupable.

Il reste à savoir si cette liberté indéfinie est d'accord avec l'intérêt de la justice?

(1) « Le roi, touché depuis long-temps de l'état des prisons dans la plupart des villes, se propose de détruire tous les cachots pratiqués sous terre, ne voulant plus risquer que des hommes accusés ou soupçonnés injustement, et reconnus de suite innocens par les tribunaux,

cupe de tout ce qui peut être utile à l'état des prisons. Puisse-t-elle ne pas avoir le sort de ces projets, qu'il est ordinaire en France de concevoir, d'adopter avec enthousiasme et de ne pas réaliser. Il n'en est pas de même des simples maisons de détention. On se plaint partout de ce qu'elles semblent oubliées des administrateurs. Dans la plupart on chercherait en vain l'accomplissement de ce vœu de Constantin, dans le Code théodosien, ce lever du soleil, cet air pur, dont jouissent les captifs sur le préau de la prison, ces lieux sûrs et salubres, cette douceur enfin qui évite les peines à celui qui peut-être est innocent (1).

---

ayant essuyé d'avance une punition rigoureuse par leur seule détention dans des lieux ténébreux et malsains. — Notre justice jouira même d'avoir pu adoucir, pour les criminels, ces souffrances inconnues et ces peines obscures qui, du moment qu'elles ne contribuent point au maintien de l'ordre public, par la publicité et par l'exemple, deviennent inutiles à notre justice, et n'intéressent plus que notre bonté. » — *Déclaration de Louis XVI*, du 30 avril 1780.

(1) Un édit de Charles IX défendait de faire des prisons plus basses que le rez-de-chaussée.

La coutume de Melun, art. 5, dit que le haut justicier doit avoir en sa justice bonnes prisons sûres et raisonnables, bâties à rez-de-chaussée, sans user de fer ceps, grillons, grues et autres instrumens semblables.

Ce vice ne semble provenir de ce que cette partie de l'administration dépend entierement des prefets et des sous-prefets. Au milieu de cette foule d'attributions qui leur est remise, ils aperçoivent à peine celle-ci, tant elle est loin d'eux et de leurs habitudes! Elle a la derniere place dans leurs souvenirs et dans leurs soins, tant elle leur offre peu d'intérêt ou d'attraits!

Il en serait autrement si la surveillance judiciaire était mêlée à l'administration civile. Le sort des prévenus est en effet l'objet forcé de la sollicitude des juges. A qui convient-il mieux qu'à la justice d'adoucir, par des témoignages d'humanité, les rigueurs qu'elle est contrainte d'exercer? Ce serait une institution vraiment morale que celle qui apprendrait aux juges à tempérer, par des actes de bienfaisance, les sévérités journalières dont ils sont les ministres.

Il faut que, comme à la Chine, on puisse y oublier, pour ainsi dire, qu'on n'est pas libre. — CHAUSSARD, *Théorie des lois criminelles.*

M. Necker observe, *de l'ordre intérieur des prisons*, qu'un des moyens les plus efficaces de l'y rétablir, serait de separer l'administration économique et de consommation de l'administration de police et de sûreté, parce que les concierges, geoliers, guichetiers n'ayant plus de rapport avec les besoins physiques et les dépenses de leurs prisonniers, leurs rigueurs et leurs douleurs ne seront plus à prix.

Le peuple y trouverait un aliment d'affection et de confiance pour ses magistrats, et ces magistrats s'instruiraient à voir avec moins d'indifférence la destinée de leurs concitoyens.

Il faudrait dans chaque département un conseil de prisons, chargé de surveiller l'exécution des reglemens et d'observer comment dans chaque prison sont traites les détenus.

Par chaque arrondissement une commission composée de juges, de membres de l'administration et de citoyens correspondrait avec lui.

A force de mettre le bien en théorie, il pénètre enfin dans la pratique.

§ VI. — *Du Secret.*

Le secret ne doit être que le fait d'empecher le prévenu de communiquer ; or, les rigueurs employées sans nécessité sont des crimes. Que les géoliers qui feraient du secret une douleur physique et ajouteraient à ses tourmens soient donc punis avec sévérité !

§ VII. — *Lenteur de l'Instruction.*

Le procureur général Bourdin avait raison de dire que la précipitation était la marâtre de la justice (1). Cependant de trop longs retards portent nécessairement préjudice à l'accusé.

Il y a une grande difficulté à la vérité d'assigner un délai précis pour l'instruction des procès, car il est telle affaire qui oblige à des recherches dont on ne peut envisager le terme. Mais le sort de l'accusé devra-t-il être livré à l'arbitraire de juge (2)?

La constitution de la princesse Marguerite de 1346 prescrivit de juger ou d'élargir tout crime capital dans la quinzaine, à moins d'expédition d'outre-mer, auquel cas le délai était prorogé à trois mois.

Il y aurait plus à craindre qu'à espérer en France d'une disposition semblable.

Mais, sans nous arrêter à un délai aussi court, que la loi en impastive un quelconque au juge! qu'à son expiration il soit tenu, à peine de for-

---

(1) Dans le premier moment, la chaleur, l'indignation, la colère y étant encore, poussent non seulement les parties, mais les témoins, mais les juges, mais l'auditoire. Toutes choses, avec le temps, passent bien plus attempérament et humainement qu'à la chaude. — AYRAULT, p. 333.

Qui recule ou avance l'instruction, il gâte bien ou conserve les preuves, et traite doucement ou rigoureusement l'accusé. — AYRAULT, p. 158.

(2) Après l'équité, l'activité du magistrat est son premier devoir. — *Lois pénales*, t. 4, p. 108.

faiture, de recourir à une cour royale, qui jugera s'il y a lieu à prolonger ce délai! Il y aura du moins une surveillance forcée de la part des magistrats supérieurs, et la lenteur ou l'accélération des procédures d'information ne dépendra plus des volontés d'un seul homme.

§ VIII. — *De la Liberté provisoire sous caution.*

Le Code d'instruction criminelle ne laisse point au juge d'instruction ni au procureur du roi le pouvoir de mettre en liberté provisoire sous caution. C'est la chambre du conseil qui juge s'il y a lieu à accepter la caution et si le détenu peut être mis en liberté.

Ainsi, cette mise en liberté est une prérogative de justice et non le droit du prévenu. On délibère, on s'agite, on juge de sa destinée, et provisoirement il est sous les verroux.

Chez d'autres peuples, le droit d'aller en liberté, après avoir offert une caution suffisante, est tout entier dans l'intérêt du prévenu? Ce n'est pas une faculté qui appartienne aux tribunaux (1).

---

(1) Un arrêt de cassation a décidé que dans l'article 114 du Code d'instruction criminelle, le mot *pourra* n'est pas employé dans un sens facultatif, mais dans un sens attri-

§ IX. — *Des Rapports du juge instructeur à la chambre du conseil.*

En donnant au juge instructeur voix délibérative dans les décisions de la chambre du conseil, on a trop oublié que l'homme le plus impartial ne peut pas toujours se garantir de fausses préventions, et que le juge instructeur peut s'abuser sur son propre ouvrage. C'est à lui à faire le rapport ; mais il ne devrait pas juger du mérite de l'instruction qu'il a faite.

§ X. — *De la Publicité des mises en accusation.*

Nous devons au chancelier Poyet cette fatale ordonnance de 1539 qui introduisit dans la procédure criminelle le système du secret. La publicité du jugement, dont la France jusques alors avait joui pendant plusieurs siècles, lui fut enlevée. Des formes nouvelles, telles que Rome

---

butif, et que dèslors une chambre du conseil ne peut refuser la liberté provisoire dans le cas où la loi ne le défend pas expressément (*Arrêt* du 21 avril 1815) ; mais tous les tribunaux ne donnent pas à cet article la même interprétation et l'abus subsiste. Il y a donc nécessité d'une rédaction plus précise.

en avait eu à peine, au temps de son asservissement le plus odieux, les remplacèrent. Formes ocultes et silencieuses que nous avons gardées trop long-temps, elles n'étaient que des voiles de justice, et leur abrogation fut un des services que l'assemblée constituante rendit à la nature.

Un citoyen pouvait être sans préliminaire arraché de son domicile. Privé de communication avec les êtres vivans, il demandait en vain la cause de sa captivité; le silence seul de sa prison lui répondait. Un magistrat chargé de l'interroger lui adressait à peine quelques mots sévères au moment du récolement des témoins. Une attente, sans limites, précédait le jour ignoré où il devait comparaître devant ses juges. On plaçait sur un ignoble siége, signal du déshonneur, celui qui peut-être allait être déclaré innocent. Le conseil qui eut défendu ses intérêts civils lui était refusé comme si la vie, l'honneur, la liberté étaient si peu de chose! il entendait un rapporteur lire les pièces de la procédure qu'un juge d'instruction avait été le maître de rédiger à son gré, et se disait lui-même, « sont-ce donc là les seuls titres de ma destinée? Me tiendront-ils compte du dépérissement des preuves de mon innocence qu'a causée ma détention si prolongée. » L'ordonnance de 1670 lui ôtait même la faculté de s'expliquer. Alors que les juges allaient délibérer sur son sort, il rentrait dans sa prison. Apres lui, y descendaient un greffier pour lui lire sa sentence, un prêtre pour lui présenter les consolations religieuses, un boureau pour détruire son corps et le livrer à la pâture des oiseaux sauvages. Tant d'indifférence pour l'infortune et l'humanité révolte ! ces œuvres de la justice dans son temple ainsi fermé ne retracent-elles pas ces cérémonies mystérieuses de la religion paienne qui n'avaient pour assistans que les prêtres et la victime.

Comme les Romains, nous avons pensé qu'il nous importait de savoir comment on décidait le sort des accusations (1). Les portes du sanctuaire où se rend la justice, aujourd'hui, sont ouvertes. L'accusé comparaît comme un homme libre encore, sous les regards de la multitude qui vient apprécier si les formes de la loi ont été violées envers le malheureux, prétendu coupable. Il ne craint plus, du moins, les irrésistibles volontés de l'arbitraire. Un défenseur l'accompagne et prête à son trouble le secours de son expérience. Des débats solennels offrent à cet infortuné les moyens de prouver les vices des témoignages, d'en repousser les inductions,

(1) In pleris que judicus credebat populus romanus suâ interesse quid judicaretur.—*Dial. de clar. orat.*

et au peuple de hautes leçons de morale. Un jury représentant la nation, pur de toute préventions favorables, pèse le mérite des preuves, et décide s'il y a innocence ou coupabilité. La peine n'est prononcée que sur la déclaration de citoyens intègres que guide la seule conviction qu'ils ont été justes; tous prennent ainsi part à l'administration de la justice criminelle, et ils ne sortent de l'audience qu'avec le sentiment que la protection de la loi ne les abandonnera point. Mais la pitié compatissante de cette loi témoigne encore à ce condamné, d'autres soins. Elle laisse à son malheur une ressource dernière, si des erreurs ont pu lui nuire. Un tribunal suprême est chargé d'anéantir l'arrêt dont il se plaint. Est-il cassé? une autre cour va le juger de nouveau.

Voilà ce que la législation nouvelle a fait envers l'accusé. Mais a-t-elle fait tout ce qu'elle pouvait, tout ce qu'elle devait faire?

« La publicité est l'ame des gouvernemens représentatifs, a dit M. le garde des sceaux, à la tribune (1)! » Où trouver, en effet, une garantie générale, plus forte pour assurer au peuple, que, dans l'organisation de l'exercice de l'administration publique les pouvoirs constitués ne cherchent pas son oppression et s'occupent, au con-

---

(1) *Voyez* Discours sur la loi concernant les journaux.

traire, de sa prosperité? Etablir cette garantie partout où elle peut s'introduire avec avantage, c'est entrer dans l'esprit du gouvernement représentatif. En matière criminelle surtout où c'est la société elle-même qui accuse, la publicité doit être l'ame des opérations des pouvoirs judiciaires. Les législateurs l'ont senti, et ils ont, dans la franchise de leur système, disposé que le prévenu ne serait jugé que sous la garantie de cette publicité. Les citoyens, désormais, sont à même d'apprécier si le corps social a été privé d'un de ses membres, sans juste cause, ainsi, si la décision de la justice a été fondée. Mais on cherche en vain, dans le Code, une pareille garantie en faveur des mises en accusation. Pourtant, ne nous y trompons point. Ces garanties généreuses et salutaires, besoin des gouvernemens représentatifs, ne sont pas seulement le droit en ce qui le concerne de chacun des individus isolés de l'état; mais le droit commun de tous les individus en masse, et comme solidaires dans l'intérêt de la prospérité publique (1). Où donc,

---

(1) Lorsqu'un seul membre du corps social souffre injustement, l'existence de tous est compromise. — *Jurisprudence littéraire.*

Tous les Français sont solidaires en droit et en garantie; point de constitution représentative sans cela. — *Des coups d'état dans la monarchie constitutionnelle.*

jusques au jour de l'ouverture des assises, aperçoivent-ils, dans notre mode de mise en accusation, l'assurance que l'inculpé a été placé dans cet état sans que les formes légales aient été violées? Qui leur apprend s'il a été interrogé, si les témoins ont été entendus, si la rédaction de leur déposition est exacte et fidèle, si les juges ont prêté une oreille attentive au rapport du procès, s'ils ne se sont pas déterminés par des intentions et des mesures vexatoires, si l'arbitraire, enfin, n'a pas siégé parmi eux (1). Pour-

---

(1) Les décrets de 1789, donnés pour la réformation de quelques points de la jurisprudence criminelle, prescrivaient aux municipalités de nommer des notables pour assister, sous le titre d'adjoints, à l'instruction des procès criminels. D'après l'article 6, ces adjoints étaient tenus de faire au juge instructeur les observations à charge et à decharge qui leur paraîtraient nécessaires.

Le législateur n'a vu là, comme l'indique le préambule du décret, « qu'une précaution qui, sans subvertir l'ordre de procéder, devra rassurer l'innocence et faciliter la justification des accusés, en même temps qu'elle honorerait davantage le ministère des juges dans l'opinion publique. » — DUPIN, *Observations sur quelques points importans de la jurisprudence criminelle.*

Le principe du système du jury me semble pouvoir s'appliquer ici. La procédure d'instruction preliminaire a souvent des raisons forcées d'être secrète; mais un ou plusieurs citoyens désignés par le sort ne pourraient-ils

tant cette assurance leur est bien légitimement due (1).

La France ne connaît pas assez quel respect l'on doit pour les travaux pénibles des juges, et avec quel honneur ils sont consommés. Partout où j'ai pénétré pour suivre mes recherches, j'ai trouvé l'ordre, les scrupules de l'exactitude, la pensée du bien, le sentiment pur du devoir; mais les mêmes raisons de confiance ne peuvent pas faire ouvrir aux hommes du peuple les cabinets des juges et les chambres du conseil. Ils ignorent si les magistrats allègent par les vertus et la douceur de leur ame des fonctions séveres; ils leur soupçonnent au contraire la rigueur de la loi, et quand ils apprennent par hasard qu'un citoyen a été mis en accusation, ils se demandent avec inquiétude par quelles voies il est arrivé à cet état si menaçant pour lui?

---

pas être admis, sous la foi du serment et du secret, à assister le juge dans son opération?

(1) Si la justice, qui ne voit goutte, n'est vue de tous, ce n'est pas juste, c'est monopole. — AYRAULT, l. 2, art. 3, § 55.

Les erreurs se supposent, car tout ce qui n'est pas mis en évidence en fait dans les tribunaux, passe toujours pour être injuste. — *Considérations sur les principaux événemens de la révolution*, par mad. de STAEL, tom. 1, p. 276.

La législation et la magistrature n'ont point calculé, peut-être, assez ce qu'a de terrible le sort d'un inculpé contre lequel on suit une instruction ; il n'est pas sans exemple que des prévenus au milieu des ennuis et des anxiétés d'une attente si remplie d'alarmes aient perdu la raison. On peut aisément le croire. Qui agite en effet la vie plus que le tourment des incertitudes, plus que le désespoir, où jette l'ignorance si l'on doit douter ou s'abandonner à l'effroi de l'avenir ! Voilà cependant la situation de l'inculpé. Depuis sa confrontation avec les témoins jusques à la signification de l'arrêt de mise en accusation qui ne lui est souvent faite que quelques jours avant les assises, il ne sait rien de ce qu'on fait contre lui, comme s'il n'avait pas au moins un droit de présence à des actes qui doivent avoir tant d'influence sur son bonheur ! Eh bien ! si l'on rencontrait dans nos Codes une disposition qui mît l'inculpé à même de connaître moins tardivement son sort, d'en suivre les phases, de le défendre, de l'assister lui-même pour en atténuer, s'il se peut, les rigueurs ; si le public avait la garantie qu'il n'a été mis en prévention, en accusation qu'aux plus justes titres, et avec la plus fidele observance des formes légales, ne serait-elle pas accueillie comme une amélioration ? Le détenu, dans sa prison, en tressaillerait d'allégresse, et les peuples applaudiraient.

Ou je m'abuse bien fortement, ou tous ces avantages doivent se trouver dans la publicité des dcéisions judiciaires de mise en prévention et de mise en accusation.

Comme droit, elle dérive de la nature même des choses, si l'ordonnance de mise en prévention et l'arrêt de mise en accusation sont regardés comme n'étant pas de simples mesures réglementaires de l'instruction. Or, il est difficile de ne pas voir des jugemens même, dans des déterminations émanées de la justice, en des matières graves, d'après une action régulière, sur une contestation entre deux parties. Cela même est si vrai que les décisions de compétence et de mise en accusation du prévenu portent le nom d'arrêts quand elles ont été rendues par des cours royales. Comment donc ces actes judiciaires ne seraient-ils pas soumis aux principes généraux de la publicité ?

Le législateur a cru devoir le faire céder à des considérations importantes, et ce n'est pas sans motifs qu'il a pris ce parti. Sans les rattacher à l'esprit du gouvernement de eet homme qui eut consenti à instituer en France, le tribunal de Venise, s'il eût cru en pouvoir cimenter son despotique empire, avouant même ce qu'il a de plausible, disons au moins que le systeme de la publicité, dans les instructions préliminaires, est le vœu des publicites (1).

L'introduction de cette disposition dans notre procédure est difficile.

On pourrait établir, à l'exemple de l'Angleterre, un jury représentant la nation et constitué en un tribunal, sous la présidence du *Foreman*. Il entendrait les témoins, recevrait l'explication du prévenu et de son défenseur, examinerait le matériel des faits et déciderait si le cas est assez grave et assez chargé d'indices de culpabilité pour donner lieu ou non à une accusation; mais il y a souvent de grands inconvéniens à aller chercher chez une nation voisine,

---

(1) On forme ces vœux. Celui qui les remplira sera béni du siècle présent et de la postérité. — VOLTAIRE.

« Le secret de la procédure préliminaire est sans doute un mal, si, comme j'en suis convaincu, ce secret n'est pas indispensable. Ceux qui le regardent comme utile, exagèrent avec aussi peu de raison les inconvéniens que présenterait la publicité des informations, que certains routiniers ont exagéré, pendant long-temps, ceux de la publicité et de l'instruction du jury. Cependant de bons esprits ne partagent pas cette opinion; et quoique je la croie fondée, quoique tous les argumens avec lesquels on prétend la combattre, me paraissent faciles à détruire, je sens que c'est une question qui mérite examen. » — LEGRAVEREND, *Introduction au Traité de la législation criminelle*, p. 36.

une partie de son systeme pour l'adopter à un système semblable, sous un gouvernement différent. Ces parties n'ont souvent point entre elles de point de contact, elles ressemblent à des machines qui n'ont plus de moyens d'engrainage, elles se concilient mal et ont de faux résultats.

Pour profiter des belles institutions de la législation criminelle anglaise, il faudrait la transporter chez nous tout entière, sauf à savoir si elle conviendrait à nos mœurs.

Nous avons eu un jury d'accusation par chaque arrondissement. L'expérience n'a pas été heureuse : ignorant pour la plupart le but de leur institution, les jurés d'accusation ne calculaient pas qu'ils n'avaient point à apprécier des preuves complètes, et qu'au contraire ils n'avaient à se déterminer que par la présomption suffisamment fondée qu'elles s'accroitraient par les débats. Obligés de se déterminer sur une simple lecture de témoignages écrits, ils suivaient mal la clarté des indices qu'ils pouvaient étendre sur l'avenir, et, n'osant percer de leurs regards les nuages qui entourent le crime, ils s'érigeaient en juges et prononçaient un acquittement trop tard regretté; ou bien, vacillans dans leurs opinions, ils redoutaient leurs incertitudes, préféraient confier au directeur du jury leur embarras et s'abandonner à ce magistrat qui lors formait à lui seul la détermination générale.

Les causes de ces fâcheux résultats provenaient à la vérité, plus des vices de l'organisation de cette institution que de ses principes. On pourrait y apporter des remèdes efficaces, en la constituant telle qu'elle est en Angleterre; c'est-à-dire, en laissant les jurés d'accusation se décider par l'audition orale des témoins, comme font les jurés de jugemens, dans les décisions définitives; mais cette modification toutefois entraînerait forcément un changement général dans notre législation, qui peut-être d'ailleurs s'allierait mal à nos mœurs.

Je doute pourtant que ces modes d'instruction aient la perfection des nôtres et nous conviennent. En Angleterre, on fait une large part à l'humanité, et l'on à raison; mais l'on s'y montre en général indifférent pour le crime. on le regarde comme une maladie inguérissable; son auteur paraît une victime désignée par la fatalité au mal et destinée, par elle, à servir d'exemple au peuple, pour lui imprimer plus de respect à la loi. Tout y est froid et sans émotion, les défenseurs, les témoins, les juges, l'auditoire, l'accusé; on s'inquiete donc peu s'il existait, dans les pieces des proces des elémens suffisans, pour que l'un ou l'autre jury put former sa décision. Que les signaux matériels de ce que chez nous on nomme, *corps du délit*, aient été précisés bien ou mal, que le *prosécutor* ait produit ou non les témoins qui lui eussent procuré des renseignemens utiles, peu importe : voilà l'état des choses, appréciez, décidez, bien ou mal; jugez (1).

Nous sommes une nation vive et plus impressible. Nous témoignons de l'intérêt aux choses du crime, et nos efforts tendent à la découverte de la vérité: les premières instructions sont-elles insuffisantes, le tribunal de première instance peut demander un plus ample informé, la chambre de mise en accusation a les mêmes droits et, en général, cette instruction du magistrat si utile à l'intérêt social, se trouvant sous une double surveillance, peut difficilement être faite avec des intentions malveillantes (2). Cet avantage que renferment nos Codes n'est pas

---

(1) Voy. l'ouvrage de M. Cottu, *De l'Administration de la justice criminelle en Angleterre.*

(2) Cette nouvelle forme de procéder est infiniment préférable à celle que les lois précédentes avaient introduites, en ce que celles-ci laissaient à la discrétion du directeur du jury et du magistrat de sûreté la faculté illimitée de suivre ou de ne pas suivre ce qui les rendait les maîtres absolus du sort des prévenus. — *Instruction criminelle*, par Carnot.

dans la législation anglaise. L'intérêt de la société y semble oublié. En France il ne l'est pas; mais il manque à nos lois comme à nos mœurs, de la bonté, de l'indulgence et du respect envers le malheuruex que menace le glaive de la loi.

En pénétrant, par l'analyse, dans l'essence même des institutions de la procédure criminelle, on sent la nécessité de faire précéder le jugement définitif d'une décision sur la qualification du fait. Les opinions divergentes à cet égard seraient trop opposées les unes aux autres et amèneraient une indécision extrême dans l'acte du jugement, si elles ne le rendaient impossible. Or, l'opération de l'esprit dans l'appréciation du fait, pour le qualifier, ne consiste-t-elle pas dans l'application du fait au droit? application, qui seul peut amener l'arrêt de compétence? Alors elle est la prérogative des tribunaux (1).

(1) Il est indispensable qu'un premier jugement détermine l'existence et la qualité du crime; alors les condamnations ne seront pas incertaines : on ne cherchera plus à ajouter ou diminuer. Suivant que l'accusé paraît plus ou moins suspect, le juge aperçoit bien un coupable; mais il ne voit que confusément la nature du crime, et il frappe un peu au hasard. Est-il humain? il retient son bras, et le coup est moins fort. Est-il ignorant et sévère? il ajoute

A la vérité, l'Angleterre nous montre comment on peut concilier l'appréciation isolée d'un fait, par un pouvoir différent de la justice avec la qualification de ce fait, seule source des déterminations de compétence prises par la justice elle-même, en les faisant suivre l'un de l'autre. Mais quel intérêt puissant n'a-t-il pas fallu pour enlever à la justice, par l'alliance d'un pouvoir qui accède à celui dont elle est investie, des attributions qui naturellement sont dans son domaine.

Il suit delà que si l'on peut satisfaire à ce même intérêt, en confiant à une seule main les opérations de la mise en accusation qui étaient divisément assignées, on aura obtenu une amélioration sensible.

Or, notre mode d'instruction, tel qu'il est, soumis aux épreuves de dix années, est supé-

---

beaucoup à la rigueur de la loi. Obligez donc les magistrats à dire, par un jugement séparé et préliminaire, le crime commis est un vol avec effraction, un péculat, une banqueroute frauduleuse. Je demanderais ensuite un second jugement, ou, pour me servir du langage vulgaire du barreau, un second tour d'opinions dont l'objet fût, après avoir déterminé le crime, de prononcer que l'accusé est vraiment coupable; enfin, par un troisième jugement, on appliquerait la peine déterminée par la loi. — PASTORET, *Lois pénales*, l. 4, p. 149.

rieur à celui de l'Angleterre, envisagé isolément de ses autres parties, et surtout à celui de 1790 et de l'an IV que tant de décisions reprochables ont fait rejeter de nos Codes. La société et l'accusé, tous ensemble, y trouvent de mutuelles garanties, bases essentielles d'un système d'accusation judiciaire. En satisfaisant donc à cet intérêt public qui, en Angleterre, a donné naissance au jury d'accusation, par une disposition qui en remplacerait l'effet, tous les vœux de la loi ne seront-ils pas remplis? Ajoutons à notre instruction préliminaire l'avantage résultant de la publicité des audiences, pour ce qui est décision de justice; et si nous n'avons pas réalisé la pensée des publicistes à son égard, nous l'aurons mise du moins en harmonie avec notre organisation représentative.

Lorsque l'on remplace une institution par une autre, il faut s'attendre à voir à la suite de celles-ci une foule d'abus qui n'avaient pu être prévus : c'est l'effet de tout ce qui est révolution (1). Corriger au contraire avec soin comme

(1) Les lois civiles ont une influence peu sensible sur la prospérité publique. Il en est autrement des lois criminelles; on ne peut dénaturer les formes, les épreuves, la juridiction sans nuire plus ou moins à l'économie de l'ordre social ou à la sûreté des individus, au point que de simples modifications peuvent avoir les plus funestes consé-

avec sagesse ce qui est reconnu bon dans son principe, c'est en préparer la perfection.

Le changement que, dans mes illusions peut-être, j'entrevois comme utile, s'opérerait, du moins, sans secousse. Il consisterait à transporter dans les salles publiques de la justice, avec les solennités des audiences, les scènes qui se passent dans les chambres du conseil.

L'accusé serait présent : il assisterait alors à des actes bien importans pour lui, et dont la connaissance ne saurait lui être légitimement refusée (1).

La communication de la procédure serait forcée, et sans abus, et lui faciliterait l'explication de faits qu'il peut seul expliquer.

Le droit de s'inscrire en faux contre les informations, ou d'en reconnaître la vérité, serait son droit. Dans ce dernier cas, son aveu ajouterait à la force des opérations de la justice, et l'on éviterait ainsi ces insinuations perfides

---

quences. — BOURGUIGNON, *Préface* du *Manuel d'instruction criminelle.*

(1) Je demande s'il est un moment où la loi peut admettre un accusé à ne pas se défendre. Dès que la plainte est rendue, mon honneur est attaqué, ma liberté, ma fortune et ma vie sont menacées ; et je suis condamné au silence ! — *Lois pénales*, chap. 9, *de l'accusé*, p. 116, liv. 1.

que ses réponses ont été mal recueillies, dont MM. les jurés font justice; mais qui n'en sont pas moins la source d'une inconvenance et d'un scandale.

Ainsi, le voile sur l'instruction préliminaire, qu'une législation bienveillante a laissé encore trop épais, s'écarterait pour lui. Il aurait du moins défendu pied à pied son sort que la société lui dispute; ni lui ni le peuple ne sauraient se plaindre d'ignorance; la procédure criminelle prendrait un noble caractère de loyauté et de franchise; et les soupçons de l'arbitraire comme de la surprise, ne pourraient plus approcher de la justice.

Cette opinion, je le sais, est exposée a rencontrer bien des sentimens contraires, car c'est le destin des idées nouvellement exprimées. Les magistrats et les publicistes la repousseront également : non pas que les magistrats redoutent pour eux une censure publique qui en serait, pourtant, l'inévitable effet (1); mais il sont attachés aux pratiques anciennes, et par la force de

---

(1) L'audience est la bride des passions; c'est le fléau des mauvais juges. Qui est-ce qui les sifflerait si publiquement ils faillaient? Certainement il est aisé au magistrat, qui lui seul sait le secret d'un procès, d'en faire accroire aux parties et au peuple ce qui lui plaît, aisé de pallier sa cupidité et injustice. Mais quand l'auditoire

l'habitude et par un intérêt plus noble; leur vertu a souvent adouci la sévérité de la loi, et elle leur rend chers des maximes qu'ils rendent

---

participe à tout le fait, il juge aultrui; mais à l'instant aussi ses actions sont louées ou condamnées sans appel.

Qui co 'ient donc plus ce juge, que cette peur et cette honte d'être blâmé?

Si cette instruction publique sert de bride aux mauvais, elle engendre un incroyable los et repos aux bons juges; en un moment leur valeur, leur industrie est vue et connue d'un chacun; et ce qui contente le plus, la porte est bouchée aux calomnies: car qui oserait mentir si impudemment quand tout le public est juge et témoin pourquoi il a condamné l'un et renvoyé l'autre; pourquoi il a été plus sévère à celui-ci et plus doux à celui-là? — AYRAULT, p. 533.

C'est du palais comme d'un temple. Qui entre en celui-ci, pense aussitôt que Dieu le voit, et pour cette occasion il se dispose à un maintien doux et modeste. S'il est fier et superbe, il en dépose une partie. Aussi, quand le chef a commandé, « ouvrez, appelez les avocats », les juges, lesquels, à huis clos, se dispensent de beaucoup de choses, dorment, babillent, vont de chambre en chambre, sont brigués, contestent l'un contre l'autre, montrent leurs passions et affections, affectent en leurs opinions trop de douceur et de sévérité. Quand ils se voient exposés d'un haut lieu à la vue d'un auditoire qui juge autant ou plus leurs façons et contenances, qu'eux des causes dont ils sont juges; ils se préparent à ouïr paisiblement, à comporter doucement les affections des parties: tant s'en faut qu'ils découvrent les leurs; et finalement, en jugeant,

meilleures, en leur communiquant l'impression d'une ame tendre et vertueuse (1). Les publicistes de nos jours avec d'admirables talens ne sont pas à l'abri des atteintes de l'affection de parti. Comment pourraient-ils accueillir une mesure qui ne satisferait pas entièrement les spéculations de leur philosophie agitée ?

Si mon inexpérience eût prévu toutes les objections, peut-être aurais-je abandonné ma pensée; mais je l'ai défendue contre de bons esprits, et leurs sages réflexions n'ont pas changé ma conviction intime. Cette mesure aurait l'inconvénient, m'ont-ils dit, de présenter un triple jugement sur une même affaire, et serait d'une influence dangereuse, par le poids des décisions primitives auprès des jurés, sur le sort des prévenus.

S'il en était ainsi, il faudrait la proscrire; mais une plus attentive observation démontre que ma pensée n'a rien changé à l'économie de la loi. Le fond des choses est le même; les trois décisions de justice sur le délit existaient déjà. Que fais-je autre chose que de leur imprimer un caractère? Et quand une loi obligerait à juger

---

s'étudient à faire paraître en eux plutôt une sévérité douce, calme que cruelle. — Ayrault, p. 535.

(1) Expressions de M. Pastoret, *Lois pénales*. t. 1, p. 2.

trois fois un homme qui, peut-être, est menacé de la peine capitale, j'y trouverais des précautions touchantes, respectueuses, et n'y verrais pas des vices. A Athènes, quand les juges de l'aréopage avaient à prononcer sur une accusation, trois fois ils allaient déposer leur vote sur l'autel de Vesta, trois fois avec des formes religieuses; et ni les magistrats, ni le peuple ne murmuraient de ces formes lentes et solennelles (1). Est-il bien vrai que ces décisions publiques auraient une fâcheuse influence sur les jurés? mais où donc est-elle une bonne législation où les meilleurs jugemens sont ceux qui ont une moindre consistance? Quoi! vous avez mis un inculpé en accusation d'un grand crime, et vous n'avez pas donné à vos décisions le plus de caractère de gravité possible, et cela dans l'intérêt de l'accusé! Vous avez donc limité les moyens de la confiance : avez-vous, dèslors, des droits suffisant pour la mériter et de la part de l'accusé et de la part des citoyens? Et de quoi donc enfin vit votre justice criminelle, si c'est de toute autre chose que de conviction

---

(1) En Chine toute peine de mort ne peut être exécutée qu'après avoir été confirmée par l'empereur. Yonct-Ching a même ordonné, en 1725, qu'il faudrait trois fois lui présenter le procès avant que le jugement fût définitif. — *Théorie des lois criminelles.*

et de certitude (1)? En tout cas, que trouvera le jury dans l'examen aux débats ? Ce qu'il y voit aujourd'hui. Les mêmes décisions judiciaires et la seule qualification de leur publicité de plus, il se déterminera du reste par les dispositions orales, et le vu des pièces, comme autrefois. Non, la solennité de la publicité des trois actes de mise en accusation ne saurait avoir le funeste résultat de prevenir trop les jurés contre l'accusé. D'ailleurs, je le demande, lorsqu'au temps de la réforme, il s'est agi de l'abrogation des ordonnances de 1539 et de 1670, s'arrêta-t-on à la considération que les prévenns seraient soumis aux épreuves d'une triple condamnation?

Le concert de la défense des inculpés qui, lorsqu'ils sont complices, profiteraient des révélations faites par la publicité de ce que l'instruction peut avoir de secret, et par suite, leur impunité, forment une objection plus sérieuse.

Si le mal existe, le bien est à ses côtés. L'ac-

---

(1) La justice criminelle ne vit, en général, que de conviction et de certitude. Ce n'est que par la simplicité dans les moyens qu'on parvient à l'une et à l'autre. — Vatismenil, *Réquisitoire contre le délit de la presse*, dont étaient accusés MM. Comte et Dunoyer, auteurs du *Censeur europeen*.

cusé au moins pourra préparer ses défenses, et dans une grande partie de la France, on le défend avec indifférence, ce qui équivaut à n'être pas défendu. Je crois aussi que les cas où les prévenus auront à profiter de la publicité des audiences sont bien rares ; et il me semble que les complices ne seront pas toujours à même d'en tirer avantage.

On peut écarter ce danger, si l'on prend la mesure de les isoler, en les faisant sortir à propos de l'audience, et de rapprocher de cette séance la séance du jugement définitif. D'ailleurs, tout n'est-il pas connu au procès ? les complices dans la captivité n'ont-ils pas d'autres moyens d'établir ce concert ? Peu de dispositions dans nos lois suffirait pour en prévenir le mal.

Je laisse à l'objection toute sa force, et lui présenterai ce dernier écueil.

Quand on voulut introduire dans l'administration de la justice criminelle l'institution du jury, les amis de la routine s'écrièrent de toutes parts que son effet serait de laisser échapper beaucoup de coupables : l'humanité répondit que le jury serait le salut des innocens ; et les Français s'empressèrent de l'accueillir. Elle est pour eux comme chez les Anglais, la plus chère garantie de la nation (1).

---

(1) La publicité des débats judiciaires a moins pour

§ XI. — *De l'Opposition à la mise en liberté.*

Le droit qu'a le procureur du roi de s'opposer à la mise en liberté prononcée contre un pré-

---

objet de faire siéger les juges en présence de quelques hommes, que de mettre la conduite des procès et les jugemens eux-mêmes sous les yeux de tous les citoyens. C'est par là qu'on apprend si les formes ont été respectées ou violées, si le vœu des lois a été rempli, quel esprit a présidé aux débats, sur quelles preuves a eu lieu la condamnation ou l'acquittement. Par là la société s'inquiète ou se rassure; par là le goût de la science de la justice se répandent, et le public s'instruit dans ce qui touche de près ses intérêts les plus chers. Il n'est pas un homme éclairé qui ne sache que là est le lien le plus intime qui puisse unir le peuple à son gouvernement; car delà seulement presque naîtra ce respect de la loi, cette confiance dans les magistrats, cette habitude de comprendre la justice et d'y croire; et tous ces sentimens dont l'absence laisse le pouvoir sans racine, sans appui, isolé et flottant au-dessus de la société qu'il contient par la force; mais qu'il ne possède point. — M. Guizot.

Le public a intérêt de savoir de quelle réputation l'accusé et l'accusateur s'en vont de devant les juges. Cela est nécessaire au commerce, aux mariages, aux successions, aux honneurs. Tout homme qui est absous n'est pas honorablement ni absolument absous; et tout demandeur qui perd sa cause ne la perd pas honteusement ni à fond de cause. Il y a quelquefois de la honte à gagner et de

venu par la chambre des conseil est-il d'une exacte justice?

---

l'honneur à perdre; qui a obtenu se trouve plus scandalisé, et tous les juges que sa partie qui a perdu. Comme s'apprend cela? Est-ce en publiant, en imprimant le procès quand il est fait? Non, ce n'est plus que de l'encre. Mais où qui veut est spectateur on voit à bon escient si l'accusé est renvoye *beneficio legis, vel innocentia*, si, par collusion et tergiversation, ou de bonne guerre, si par connivence ou corruption de juges ou justement; de façon que tel est absoult par sentence, qui demeure couché néanmoins en de beaux draps, et quelque jugement qu'il intervienne, il est très-difficile que des parties ne soient connues pour telle, qu'ils sont et non tels qu'on les prononce.

Cette instruction publique était également très-utile aux parties; car l'innocent ne sera jamais pleinement absous; il y aura toujours quelque chose à redire, si le procès n'a été vu, fait et examiné en public. Comme en guerre, le comble de la victoire c'est le triomphe; aussi être absous, c'est l'être au dire et au contentement d'un chacun. Qui n'a son absolution qu'en papier, la publie tant qu'il voudra; il ne publie que ce qui est écrit. Mais quant à tout venant, on a oui dire quelle apparence il y avait de l'accuser, l'arrêt est non pas seulement publié: mais l'innocence. — AYRAULT.

Chez les Grecs et chez les Romains, l'information était publique, comme le reste de la procédure, et l'accusé avait le droit d'interroger les témoins toujours entendus en sa présence. Elle fut aussi publique en France jusque vers le milieu du seizième siècle. Ainsi l'usage, si

L'expérience a démontré qu'il était utile : toutefois il est bien sévère. Il y aurait moins besoin de cette opposition, si la séance était publique.

§ XII. — *Du Jury dans nos accusations.*

Si le jury d'accusation était destiné à rentrer jamais dans nos accusations, je dirais : La composition du jury est le droit du sort ; la chercher dans un principe différent, en l'assujétissant à des modes particuliers, c'est vouloir qu'elle ne soit pas le droit du sort ; c'est frapper l'institution dans sa base.

§ XIII. — *Des moyens de défense laissées à l'inculpé, mis en prévention par la chambre du conseil.*

La faculté qui lui est accordé de fournir tels mémoires qu'il jugera convenables, ne peut profiter qu'au savant qui peut les faire, et au

---

souvent imploré, a été, pendant onze à douze cents ans, conforme aux vœux que nous exprimons, et nos pères en avaient reçu l'exemple des premiers peuples de l'antiquité. — *Lois pénales*, PASTORET, p. 116, ch. 9 *de l'accusé*, liv. 1.

riche qui peut en payer les auteurs. La loi a-t-elle donc abandonné l'indigent et le faible?

§ XIV. — *De l'Acte d'accusation.*

« L'acte d'accusation ne doit contenir que le simple exposé des faits ? le magistrat, chargé de le rédiger, doit éviter toute expression qui pourrait aggraver la position du prévenu ou la présenter aux jurés plus favorable, que l'état du procès ne l'exige : il doit s'abstenir de toute espèce de réflexion. La loi ne le charge pas de donner son opinion aux jurés : d'ailleurs, a-t-il le droit d'en avoir déjà une, le peut-il? mais seulement de lui faire le précis des faits qui ont donné lieu à la prévention et des circonstances qui militent, pour ou contre l'accusé. »

Ainsi s'exprime M. Saolnier, commentateur de la loi du 3 brumaire an IV.

Cette loi contient des dispositions salutaires : pourquoi le Code ne les a-t-il pas conservées ? ces mesures réglementaires sont puisées dans l'équité même ; dans le silence du Code d'instruction criminelle : elles ne sont donc pas abrogées, seulement, la peine de nullité n'est plus attachée a leur inobservance. Voilà je crois le véritable état de la législation.

§ XV. — *Exposé du sujet de l'accusation.*

Les mêmes principes s'appliquent à l'exposé, par le procureur général, du sujet de l'accusation. Ajouter, en le faisant, le poids d'une éloquence animée à celui du caractère de l'homme qui prononce un discours incriminant, c'est maîtriser une opinion anticipee, et violer la loi qui veut que le débat soit écouté, par les jurés, avec un esprit exempt de toutes préventions.

§ XVI. — *Développement de l'accusation.*

On n'est pas toujours juste envers le ministère public (1) les hommes de cette magistrature ont

(1) « Il résulte des états que le gouvernement a fait publier, des jugemens rendus par les cours du royaume, depuis 1813 jusques et compris 1818, que les acquittemens ont été d'un sur trois. Ainsi, pendant ce laps de six années, sur 53,836 individus mis en jugement, 36,071 ont été condamnés à differentes peines, et 17,765 ont été acquittés. »

« Voilà donc, en six ans, près de 18,000 personnes qu'on doit supposer avoir été mal à propos accusées par la même règle, qui veut qu'on admette que les 36,000 autres ont été justement condamnées ! »

dans ces derniers temps été l'objet de pressantes attaques. On eut dit qu'ils génaient bien des consciences tant les agressions s'offraient de toutes parts !

« Cette proportion est effrayante ; elle prouve que les accusations ont été trop multipliées. »

Tel est le raisonnement de M. Dupin dans un chapitre où il se plaint de l'indiscrétion du zèle du ministère public, et de sa légèreté à accuser.

En réfléchissant à ces acquittemens, on en apercevra aisément la cause. Elle tient à l'institution du jury même, qui fut fondée sur ce principe, qu'il fallait préférer que vingt coupables échapassent à leur châtiment, à mettre injustement un innocent à mort.

Dans l'état d'un accusé, il y a trois degrés à suivre ; le soupçon légal qui autorise à le poursuivre, le sentiment de sa culpabilité qui permet de le mettre en accusation, la conviction de sa criminalité sans laquelle il ne peut être mis à mort.

Le ministère public n'a besoin que de soupçons fondés pour être en droit de commencer les poursuites.

S'il ne devait se diriger que d'après des convictions parfaites, on ne ferait jamais la recherche des preuves d'un délit, ils échapperaient à la peine.

Il en est de même de l'accusation ; elle n'est fondée que sur le sentiment que les preuves suffiront pour déterminer les jurés.

Y a-t-il une exacte justice dans le raisonnement de M. Dupin, ainsi appliqué au ministère public? — Voy. *Observations sur quelques points importans de notre législation criminelle*, ch. *des accusations*.

On leur a reproché l'ardeur extrême avec laquelle ils poursuivaient le développement de l'accusation, lorsque ce développement semble devoir être fait avec l'impassibilité de la justice.

Ce défaut ne trouve pas son excuse dans la difficulté des temps agités par la politique, ni dans le sentiment profond des intérêts de l'autorité royale compromis par des desordres dont l'état réclame la repression. La cause en est dans la nature même des choses; elle tient à nos lois et à nos mœurs.

Lorsque en 1790 le mode de l'administration criminelle fut changé, la loi reconnut, en justice criminelle, la présence de deux grands intérêts, celui de la société qui tend à rejeter de son sein le membre qui la menace, et celui de l'accusé qui dispute sa destinée à la peine légale. Elle donna à l'un et à l'autre un défenseur. Libres de régler les allures de leur marche, d'aprés la convenance des affaires, ils ne trouvèrent pas devant eux de limites tracées. Qu'arriva-t-il? L'un et l'autre crurent de leur devoir de soutenir avec énergie les droits confiés à leur garde. La partie poursuivante s'anima du besoin de dévoiler la vérité; l'avocat du désir de sauver son client. Tous deux ambitionnèrent le succès. Delà ces attaques d'autant plus actives de la partie publique qu'elle pressent une défense plus vigoureuse, et ces défenses, quelquefois amères, parce qu'elles s'attendent à des répliques décisives, véritables hostilités qui présentent l'image d'une lutte engagée, et de leurs parties aux prises.

Si le procès est réservé à la célébrité, l'avocat y prête-t-il un appui généreux à de grandes infortunes, le procureur général songe qu'il a de grands dangers à écarter de l'état. Plus le sujet est important, plus la pensée s'éleve; l'ardeur a sa source naturelle dans la pureté même des intentions; mais le sentiment s'échauffe à l'enthousiasme, la passion semble zele, l'acharnement un noble courage, les irritations rendues plus vives par les chaleurs d'une defense des vertus, et dans l'acte d'une haute rigueur dont l'humanité verse en secret une larme, le ministère public n'aperçoit qu'une œuvre salutaire de la justice, et se repose avec la conscience d'avoir satisfait au devoir de la loi (1).

Le Code d'instruction criminelle s'est cependant montré sage lorsqu'il a parlé du dévelop-

(1) Il fallait aussi que les jurés fussent éclairés et pussent s'eclairer entre eux sur les difficultés qu'ils avaient à résoudre : delà la nécessité des plaidoiries et celle de la délibération du jury. — M. Cottu, *Réflexions sur l'état actuel du jury*, p. 14.

pement de l'accusation. En remettant aux procureurs généraux le soin d'en présenter les charges, il ne leur a point prescrit de conclure d'après leur sens intérieur. Il leur a tracé une opinion, celle de l'accusation. Par cela même il a craint et voulu diminuer leur influence sur des jurés enclins par la nature à s'indisposer contre certains crimes, pour d'autres à être indulgens.

Cette disposition mal conçue a été oubliée par l'ardeur même de découvrir la vérité. Il y avait insuffisance dans la loi. En rappelant, par une disposition suivante explicative, que l'accusé est un être souffrant et malheureux, et digne par son état même des égards, elle eût satisfait à tout. Lorsque je remplissais les fonctions de ministère public aux assises, je sentais souvent l'isolement de l'accusé, et je pensais qu'assez accablé par son propre sort, il eût dû, au contraire, éprouver la protection générale de l'accusateur, du président et du public.

Ceci existe en Angleterre; et est plus dans le droit religieux de la charité. Pourquoi donc ne nous inspirerions-nous pas de cette charité que la piété évangélique nous enseigne? L'absence de la religion n'était pas absolue chez les anciens dans les scenes de justice: ils y rattachaient ce qu'elle avait de généreux et dans les idées morales et dans les formes. En cela, ils se montraient plus philosophes que nous. Le christianisme n'aurait-il pas à nous prêter quelques-unes de ses cérémonies touchantes? L'humanité ferait-elle entendre ici mal à propos quelques-uns de ces mots qui rassurent et consolent? Ils remplaceraient du moins ces expressions amères qui, parfois, attristent un innocent.

Il appartient à la loi de ramener les mœurs, par les droits immuables de la nature, au ton de la douceur, de la bonté, de l'indulgence, et l'opinion de la justice au sentiment que les présomptions de l'innocence de l'accusé n'ont encore fait que pâlir. Tout cela est à faire, et doit être l'ouvrage d'un gouvernement fait pour être aimé; il lui coûterait peu de soins (1).

§ XVII. — *Réflexions sur la pratique de cette théorie, dans l'état actuel de la législation.*

Dans l'état actuel, où la loi a placé la partie

---

(1) Complétons par les mœurs ce système de la liberté, que la Charte a posé sur des fondemens indestructibles.— Dupin *Plaidoyer* en faveur de MM. Comte et Dunoyer, auteurs du *Censeur européen* en 1817.

Les lois, dit Hobbes, ont moins été inventées pour empêcher les actions humaines que pour les conduire, de même que la nature a donné des bords aux fleuves pour en diriger et non pour en arrêter le cours.

publique, sa tâche est d'instruire les jurés. Elle doit la remplir en développant les charges, par le souvenir seul des circonstances et des détails émanés des débats, et par le résumé des inductions que la saine logique peut en tirer. Elle n'est qu'un rapporteur qui raisonne de l'affaire.

Le plus grand caractère de calme doit être le caractère du ministère public. La loi est tranquille; il est la loi agissante.

Le calme assure l'effet de l'action publique, car elle éloigne la méfiance. En général, l'esprit de l'homme résiste à une volonté trop prononcée. Il se mutine contre les impressions auxquelles on veut le soumettre; et l'art de le vaincre est de le tromper sur le mouvement de l'arme avec laquelle on l'attaque.

L'impassibilité rassure l'innocence. Elle effraie plus le criminel que les vivacités de la passion. Développer les charges qui ont donné lieu à l'action publique d'un ton calme, ce n'est pas fléchir devant le crime; c'est lui faire, au contraire, pressentir en ses juges la froide inflexibilité de la loi.

Dans cette foule de désordres exposés à l'action publique, il en est, à la vérité, de tels qu'une ame sensible ne peut en ressentir que des émotions vives et douloureuses; elle se révolte, s'attriste, et son indignation se communique à ses discours. Cependant, plus les intérêts sont considérables, plus ils gagnent à être discutés avec la tranquillité de la raison. D'ailleurs, tout ressentiment se tait devant ce mot : Le présumé coupable n'est pas jugé encore. « Vous êtes accusés du crime le plus odieux ; mais vous n'êtes qu'accusés. Ne craignez pas que la prévention puisse atteindre vos juges. » Voilà ce que, dans une séance solennelle, disait le chef de la magistrature à des prévenus dont on poursuivait l'accusation devant la chambre des pairs(1). La justice frappe sans s'émouvoir ; mais jamais, avant l'instant fatal, elle n'agite, en menaçant, son glaive, aux regards du coupable.

Quelque soit l'accusé, respect à son malheur! Ne le traitez jamais en ennemi qui poursuit une victime dévouée aux vengeances publiques; car la justice ne condamne jamais qu'à regret (2).

Dans l'intérêt de la condamnation même, maintenez toutes vos facultés libres et pures ;

---

(1) M. DAMBRAY, *Procès de la conspiration de* 1819.

(2) Le roi (Louis XVI) voulait que la loi protégeât l'accusé en punissant le crime, qu'elle respectât jusques dans le coupable la qualité d'homme, et que le supplice même ne fût qu'un sacrifice fait à la sûreté publique. — *Proclamation de Louis XVI*, du 15 janvier 1792.

On reprochait à Aristote de favoriser un méchant « J'ai oublié qu'il l'était, dit-il, pour me souvenir qu'il était homme. »

Comment, sans elles pourriez-vous découvrir les ruses du mensonge, et les artifices que le crime a combinés pour se défendre? La vérité pourrait rester ensevelie sous ses voiles, car l'impatience serait mal habile à les écarter. Des droits agités debrouillent difficilement les fils d'une trame; et loin de les séparer, ils les mêlent encore d'avantage.

Gardez-vous enfin de la circonspection timide autant que de la fougue qui semblerait cruauté.

Soutenez l'accusation, puisque tel est votre devoir; mais l'accusé ne vous paraît-il pas coupable, montrez avec franchise les jours de son innocence. Un si bel exemple d'impartialité est la gloire de votre magistrature et le gage le plus sûr de la confiance que vous devez inspirer à vos concitoyens (1).

---

(1) « Quelle sera donc la force du ministère public, s'il n'a pas le courage de prendre en main la défense du citoyen, et que deviendrait l'autorité des tribunaux s'ils oubliaient un moment que tous les hommes sont egaux aux yeux de la justice ? » — *M. l'avocat général* SÉGUIER.

En Russie le dernier juge défend les accusés, comme l'enseigne d'une compagnie le fait dans les jugemens militaires. — N° 108 du *Code russe*.

Un Code militaire de Sardaigne donnait à l'accusé un défenseur nommé l'*avocat de la patrie*.

Dans le Code de l'Allemagne on octroie à l'accusé et à

En un mot, l'impassibilité de la partie publique dans les débats, est une garantie pour elle-même et pour le peuple qui, plus qu'on ne croit, est sensible aux convenances de justice et vient à ces tristes séances apprendre si dans le jugement d'un seul, ses propres droits ont été respectés.

§ XVIII. — *De la Défense.*

Les Anglais ont une formule admirable. Avant de terminer ses opérations, le magistrat qui tient les assises élève la voix. « N'y a-t-il pas quelqu'un dans l'enceinte qui ait quelque chose à dire en faveur de ce malheureux coupable. »

Protégeons la défense.

§ XIX. — *Des Exécutions.*

Notre législation a méconnu l'emploi des images morales, cette source des grandes impressions. Un supplice a-t-il eu lieu? la machine à l'instant disparaît, et ne laisse pas les traces du passé. Dans les pays où la place publique n'est pas celle du marché, quand le jour de l'exécu-

---

l'accusateur, sur leur réquisition, à chacun d'eux, un assesseur de la justice pour leur servir d'avocat.

tion n'est pas celui qui produit un grand concours de monde, on ignore s'il s'est fait un grand exemple. Pourquoi l'appareil ne resterait-il pas jusques à la fin du jour. On le couvrirait d'un immense voile de deuil, revêtu du signe blanc de la croix religieuse. Cette image de tristesse serait un avertissement de prendre garde et une pudeur envers l'humanité (1).

§ XX. — *De l'Inamovibilité du ministère public.*

En mettant, par l'inamovibilité, les tribunaux à l'abri de l'influence du pouvoir, on n'a pas pu enlever au roi le droit d'intérêt, si ce n'est de surveillance qui lui appartient de connaître ce qui se fait dans les tribunaux. Cela même est dans la nature de l'administration générale dont il a les charges. Il faut donc qu'il ait auprès des tribunaux un officier pour lui rendre compte de ce qui se passe, afin d'en effacer les vices et d'y apporter des améliorations. Les procureurs du roi y remplacent les *actores publici*, le *missi dominici* des temps de Charlemagne. En ce sens, l'institution est dans un esprit essentiellement monarchique, et c'est, je crois, l'obstacle légal à

---

(1) Il faut que du châtiment il sorte une espèce d'instruction publique. — RAYNAL.

l'inamovibilité de cette charge. Il y aurait bien des avantages attachés à cette inamovibilité ; mais ne serait-ce pas briser le dernier lien qui attache à la couronne le pouvoir judiciaire, et se priver de la faculté de le ramener à son véritable droit, s'il s'en écartait (1). Le ministère public, d'un côté est un des plus actifs élémens de la puissance exécutive. Les libertés du peuple, de l'autre, ont toujours été confiées à sa garde ; et c'est lui qui transmet aux citoyens les dispositions régulatrices du prince dans l'intérêt de l'administration générale, et les grâces émanées

---

(1) Comme délégué du pouvoir exécutif, le ministère public n'a point à être inamovible ; mais comme homme de la loi, il a les droits de cette inamovibilité.

Dans cette alternative la question est indécise.

Voyez, au reste, ce que disent MM. Carnot, Bérenger et autres, qui sont d'avis de l'inamovibilité de ces charges. Je ne sais si cette inamovibilité s'accorderait bien avec la responsabilité du ministère, car si les agens des ministres, abusant de leur indépendance, n'exécutent pas les ordres de ces ministres, comment la responsabilité de ces derniers pourra-t-elle être juste ?

L'auteur du *Code d'inst. crim.* et du *Code pénal mis en harmonie avec la Charte*, réclame pour les membres du parquet l'inamovibilité ; mais il prétend que le procureur général doit exercer, par simple commission. Je vois mal pourquoi cette différence : du reste peu partisan des institutions de Bonaparte, je crois celle qu'il a faite du ministère public, une bonne organisation du pouvoir.

de la bonté royale. Ce ministère est tout de confiance personnelle. L'inamovibilité y porterait atteinte en ce qui concerne le monarque. Son caractère connu, commande celle du peuple. Les faits prouvent que dans tous les temps les officiers de cette magistrature ont donné des signes d'indépendance et de fermeté dans l'intérêt des innocens.

Sous le plus impérieux des règnes, celui dont Richelieu fut le ministre, un arrêt du conseil avait décidé que le parlement n'était point en droit de prendre connaissance des affaires d'état. Marie de Médicis, en présence du roi majeur, ordonne au procureur général Molé de présenter lui-même cet arrêt à l'enregistrement. Après l'avoir supplié à genoux de s'en dispenser, il lui dit : « Madame, vous nous faites porter un flambeau qui allumera un feu dont les cendres dureront long-temps. Nous en craignons l'événement. — Quel événement, reprit la reine, est-ce que le peuple remuera ? — Non, madame, répliqua Molé ; mais nous craignons un changement dans l'affection des peuples, et la désolation des grandes cours du royaume, qui exerce la justice, laquelle fait régner les rois. » Louis XIII ajoute l'histoire, coupa court par ces mots. « *Je le veux, et la reine aussi ;* » mais l'arrêt du conseil ne reçut pas d'exécution.

L'autorité impériale était dans toute sa plénitude de sa puissance. Plusieurs condamnés avaient été condamnés à la peine de mort comme incendiaires. Après leur jugement une procédure en faux témoignage fut instruite contre quelques témoins. La loi avait prévu cet incident. L'exécution devait être suspendue jusques au sort de la procédure; mais ce que la loi n'avait pas prévu, c'était le cas où les témoins viendraient à mourir avant leur jugement. Pouvait-on passer outre à l'exécution? un ministre qui devait son élévation à des fonctions jusques là étrangeres à la magistrature, et dans laquelle il avait contracté l'habitude de commander souverainement à des subalternes, ne balança pas à trancher la difficulté; il ordonna d'exécuter l'arrêt et de mettre à mort les condamnés. — Eh bien ! Il se trouva un procureur général qui se sentit la force de résister à cet ordre irréfléchi; il ne craignit ni de braver la colère du ministre, ni d'encourir la disgrâce du prince, et, par ses énergiques réclamations, ses sages temporisations, il eut le bonheur en dernier résultat de sauver la vie à ces malheureux.

Il n'y a pas moins de soin de la vie des hommes dans le trait suivant.

Deux accusés avaient été condamnes par un arrêt de cour d'assises pour crimes d'incendie à la peine capitale. Après le rejet du pourvoi, le jour de l'exécution arrive. Un seul condamné est amené au supplice, le peuple demande la tête du second, et crie à l'injustice. Un procureur général, qui a donné plus d'un bel exemple de générosité, avait eu le sentiment de l'innocence de ce dernier. Voulant éviter aux tribunaux un repentir judiciaire, il pensait à recourir à la sollicitude grâcieuse du monarque, étant bon contre les réclamations, les avis, l'ordre des lois. Il eut la joie d'arracher ce malheureux à la mort, et de voir par la suite sa bonté dans sa conduite justifiée par une disculpation sur les circonstances du crime (1).

§ XXI.—*Des Crimes politiques.*

C'est pour les grands crimes politiques que l'on doit craindre d'avantage l'application de l'arbitraire. Ce genre de délit excite toujours fortement les passions : le devoir de la loi est donc de mettre l'accusé à l'abri des écarts qu'elles peuvent faire naître, et de maintenir dans les jugemens l'impassibilité de la justice.

En Angleterre, dans les délits politiques, on reconnaît la nécessité d'établir un contrepoids. pour donner du calme aux tribunaux criminels que pourrait influencer l'agitation née d'intérêts bien

---

(1) M. le baron Couet de Montaran, procureur général de la cour royale d'Orléans.

chers compromis. Aussi y redouble-t-on les précautions en faveur de l'accusé, pour garantir les esprits de la contagion d'une partialité alors si naturelle.

§ XXII. — *De notre Mode de poursuite.*

Je suis loin de partager l'opinion de ceux qui, trouvant trop considérable le nombre des fonctionnaires de la police judiciaire, voudraient supprimer une partie de ces offices comme inquiétante pour la tranquillité publique. C'est oublier trop que la sagesse de la législation n'est pas dans les extrêmes, mais qu'elle réside dans les termes moyens, qui seuls concilient tous les intérêts.

En rendant plus rares les arrestations, par la précision des cas où elles pourront avoir lieu, et par l'obstacle de la lenteur des formes, n'est-il pas sensible que ce ménagement laissera plus de facilités aux criminels de se soustraire aux regards de la justice ?

La surveillance de la police judiciaire devra, pour obvier à cet inconvénient même, être plus active. Comment alors parviendrait-elle à augmenter cette activité, si le nombre de ces surveillans est diminué ? Le respect dû au droit de la liberté individuelle peut sans doute être une cause que les preuves des délits échapperont, dans plus d'une occasion, à la constatation judiciaire; de là la nécessité de chercher à les ressaisir par les soins d'une légitime vigilance, plus étendue.

En décider autrement ce serait détruire les moyens de poursuite, priver l'accusation de ses titres, ouvrir une large voie à l'impunité, et laisser détruire, pièce à pièce, l'armure destinée à protéger l'ordre social.

Il est vrai que les agens du pouvoir judiciaire ont été répandus avec une sorte de profusion sur toute la surface du royaume; mais si j'examine bien le principe de leur institution, j'y vois plutôt un avantage qu'un péril pour les citoyens. Cette masse imposante de fonctionnaires, source d'effroi pour les méchans, leur apprend à repousser la pensée du mal, et elle est, pour les bons, le gage que ces méchans ne démeureront pas inconnus Que de bonnes lois, en déterminant leurs attributions, tracent le cercle qu'ils doivent parcourir sans être ni en deçà ni au-delà; et quel que soit le nombre des gens du roi, l'exercice qu'ils font des poursuites ne saurait avoir, pour la société civile, aucuns résultats dangereux (1).

Assez de droiture et de vertus depuis son ori-

(1) Le moyen le plus sûr pour détourner du crime, ce n'est pas seulement d'infliger des peines sévères, mais c'est plutôt quand on est assuré que celui qui viole les

gine jusques à nos jours, signalent cette magistrature, pour qu'elle puisse obtenir encore la confiance publique. Ainsi, je ne saurais voir une chose monstrueuse, comme le prétendent cependant d'honorables publicistes (1), dans la cumulation des pouvoirs d'accuser et de remplir les fonctions de la police judiciaire, telle que le Code d'instruction l'a confiée au procureur du roi, dans les cas rares d'urgence et de flagrant délit où le public est, pour ainsi dire, aux écoutes de son opération, s'il ne la surveille pas.

Mais ceux qui sont revêtus de cette magistrature ne sont point exempts des faiblesses de l'humanité; les passions qui les assiègent ne sauraient être sans écart, et il ne faut pas qu'ils se fassent un titre d'un zèle irréfléchi pour commettre des actes illégitimes. Les citoyens ont donc droit à une garantie contre ces actions hardies ou indiscrètes qui, frappant par coups de surprise, le père de famille au sein de sa tranquillité domestique, pourraient faire à son bonheur un préjudice irréparable.

---

lois est infailliblement puni. — Art. 212 des *Inst. de Catherine II.*

(1) *Voyez* l'ouvrage intitulé : *Le Code d'instruction criminelle et le Code pénal mis en harmonie avec la Charte*, par M. CARNOT, p. 4, et celui de M. BAVOUX, chez Plancher, libraire, quai Saint-Michel.

Dans un gouvernement constitutionnel, tous les agens du pouvoir exécutif, depuis les ministres jusques au dernier fonctionnaire, doivent être declarés responsables de leurs actes. Proclamez cette responsabilité, et quelque latitude qui soit laissée au ministere public, l'exercice des plus larges pouvoirs n'offensera jamais la liberté individuelle. Qui pourrait s'élever, parmi les gens du roi, contre une disposition tutélaire qui garantira les citoyens de leurs erreurs, et eux-mêmes contre les fautes? Ne sera-t-il pas plus doux pour eux, au contraire, de remplir des fonctions dont le sentiment de l'injustice et de l'arbitraire est ainsi éloigné et qui ne sauraient être que bienfaisantes?

Cependant la responsabitité qui pèserait sur les agens du pouvoir judiciaire ne doit pas être effrayante; autrement elle attiédirait le zèle et étoufferait l'action.

Parmi toutes nos institutions sociales, il en est peu qui veillent avec plus de soin aux droits de la couronne et à ceux du peuple. Dans l'esprit de la monarchie, elle doit être maintenue. elle doit être conservée aussi dans le sens des intentions constitutionnelles.

Le mandat général accordé aux procureurs du roi, par l'article 45 du décret du 20 avril 1810, d'exercer l'action criminelle contre tous les délits, et le pouvoir de veiller à l'exécution des réglemens qui intéressent l'ordre public est conforme aux principes de cette institution; mais plus les attributions sont étendues et plus leur responsabilité est nécessaire.

Je conviendrai, avec ceux qui veulent restreindre les attributions du ministère public, qu'il est une infinité de délits particuliers qui sont purement privés, pour lesquels il ne faudrait pas lui laisser toujours le droit d'intenter l'action et la subordonner au contraire à l'action privée; mais, dans les mêmes espèces, il est une infinité de cas où il y aurait un grand abus à livrer la plainte aux parties offensées. Une transaction scandaleuse empêcherait souvent le jugement d'un délit important, que la peine légale réclamerait pour l'exemple; et l'indifférence de la partie civile, ne formant pas de poursuites, laisserait des faits odieux, ou du moins méprisables impunis.

M. Bavoux me paraît aussi commettre une autre grave erreur lorsqu'il veut que le ministère public ne puisse agir que quand il y sera autorisé par le tribunal ou la cour, auxquels il serait attaché, ou par une section déterminée, quand il y en a plusieurs. Les juges, en effet, ne sauraient, dans l'état de choses, avoir une opinion, puisqu'ils manquent des élémens pour la former; ils ne sont guidés que par un sentiment de probabilités : or le ministere public le fait naître.

Leur sentiment pourrait-il être plus éclairé que celui de ce magistrat? Ce dernier a plus de moyens d'apprecier le résultat des recherches qu'il a l'intention de faire, dans le sens qu'il juge devoir être favorable à la découverte de la vérité : chargé de présenter l'état des indices, ne sera-t-il pas le plus souvent à même de maîtriser la pensée des juges qui se confieront à lui, et, d'un autre côté, ces derniers, moins à même d'estimer une foule de choses qui peuvent n'être que senties, ne commettront-ils pas bien des erreurs? Cette manœuvre, si elle n'était pas illusoire, apporterait encore trop de difficultés à la marche de l'action publique, et, en la privant de l'activité qui est son principe, elle en paralyserait les effets.

A plus forte raison ne faut-il pas, comme en Angleterre, dépouiller le ministère public, dans les procès criminels, de toute action offensive contre les citoyens. C'est prendre plus en considération quelques intérêts isolés que le bien général, et, par une manie d'innovation, pour remonter vers un système que ses vices ont fait abandonner, délaisser de bonnes institutions dont quelques lois sages pourraient aisément corriger quelques défectuosités de détails. C'est en civilisation faire un pas rétrograde. Gardons l'institution du ministere public puisqu'elle est belle, et régularisons là dans l'intéret de la monarchie et du peuple, en la mettant en harmonie avec le gouvernement de la Charte.

§ XXIII. — *Théorie de l'excuse, en matière de peines, et de la nécessité de généraliser l'article 463 du Code pénal de* 1810 (1).

Quelques publicistes se sont empressés de demander une reforme dans notre législation pé-

---

(1) Ce paragraphe semblerait ne devoir point appartenir au système de l'accusation, puisqu'aux juges seuls est réservé le droit de qualifier les faits dénoncés par le ministère public et d'appliquer l'article pénal relatif. Mais les officiers du parquet connaissent aussi des peines, puisqu'ils les requièrent et en citent les dispositions comme titres de leurs accusations. Plus d'une fois j'ai éprouvé, dans l'exercice des poursuites, un grand embarras, en livrant à la cour d'assises des individus contre lesquels j'aurais désiré, avec toute la justice de mon ressort, ne voir prononcer que des peines correctionnelles. Ma souffrance était plus vive encore lorsqu'il me fallait requérir, après la déclaration affirmative du jury, un châtiment disproportionné avec les faits reprochés, qui souvent étaient de peu d'importance, et dont le principe était excusable. Je regrettais que les juges, si dignes de la confiance, n'eussent pas le pouvoir d'adoucir la rigueur de la condamnation déterminée par la loi; je gémissais alors d'avoir été accusateur, et déplorais l'inflexibilité du Code. Ce sentiment m'a fait chercher une théorie qui ne pourra

nale, et leurs réclamations ont été entendues avec intérêt. En général en France, on voudrait effacer le souvenir d'une administration qui compta pour si peu de chose le bonheur du peuple. Le gouvernement du roi en contient au contraire les élémens les plus féconds. Aussi aimerait-on à y être rattaché par toutes les institutions qui en raffermiraient l'harmonie.

Le Code pénal de 1810 fut donné à la France, habituée à se soumettre à la volonté d'un maître, sans qu'elle s'inquiétât de ses résultats. On eut cru alors la patrie dans cet état de souffrance qui rend insouciant sur sa propre destinée. Ce dominateur nous avait enchaînés d'invisibles liens, en nous abusant par la gloire de ses triomphes, et ses ministres eurent l'adresse de nous offrir ces lois faites pour lui, à l'ombre de la victoire, lorsqu'elle voilait de ses prestiges le présent et l'avenir.

On peut le dire : ce fut une surprise du despotisme que des lauriers nous cachèrent.

Aujourd'hui que la bienfaisance royale nous a mis à même de réfléchir sur notre situation et

---

qu'être approuvée par les magistrats chargés de l'action publique, et j'ai cru pouvoir la rattacher à des observations sur le système de l'accusation.

de reconnaître nos droits, nous avons jeté des regards attentifs sur ce Code des peines, et les reportant sur le trône et sur nous-mêmes, nous ne lui avons plus trouvé un caractère digne du monarque, des Français, et du siècle.

L'usurpation sait qu'elle ne peut maintenir ses conquêtes que par la crainte; elle fait des lois de terreur. La légitimité, au contraire, ce principe assuré de l'ordre public, sent sa force appuyée sur des droits, et n'a pas besoin de lois sévères; c'est un des avantages de l'hérédité de la couronne. Quel titre plus favorable à espérer que, dans un nouveau code, des dispositions de confiance remplaceront ces signes d'alarmes que portait le Code de 1810, alarmes inséparables d'un envahissement injuste!

Dur, inflexible, exempt de philosophie, il contient des rigueurs qui se concilient mal avec l'état comme avec les vertus de la famille qui nous gouverne (1).

Une législation criminelle où l'on rencontrerait à la fois le sentiment de la douceur croissante de nos mœurs, la simplicité pleine de

---

(1) « L'esprit de modération doit être celui du législa« teur. » — MONTESQUIEU, *Esprit des lois*, tom. 2, liv. 29, ch. 1.

La douceur des lois pénales est le signe d'un bon gouvernement.

bonté et de candeur qui dicta à Saint-Louis ses établissemens, cet amour du peuple, que suit la recherche de tout ce qui peut ajouter à sa félicité, et qui signalent les instructions criminelles de Catherine de Russie (1), cette modération, que Léopold, après l'expérience des mesures provisoires, déclare être le frein le plus naturel et le plus sûr des crimes (2), et ces libé-

---

(1) « Mes enfans, dit Catherine II aux députés de la Russie, mes enfans, pesez avec moi l'intérêt de la nation. Formons ensemble un Code de lois qui établisse solidement la félicité publique. »

« (2) A notre avènement au trône de Toscane, nous avons cru que l'examen de la législation criminelle était un de nos premiers devoirs. Cet examen nous apprit bientôt qu'elle était trop sévère, qu'elle portait sur des maximes établies dans les jours moins heureux de l'empire romain ou dans les troubles de l'anarchie des temps postérieurs, surtout qu'elle n'était point adaptée à la douceur du caractère national. Nous résolûmes alors d'en tempérer provisoirement la rigueur. Des instructions, des édits particuliers furent donnés à nos tribunaux, et supprimèrent la peine de la torture et celle de mort jusqu'à ce que nous fussions en état, d'après un examen mûr et réfléchi, avec le secours que devait nous donner l'expérience faite de ces nouvelles dispositions, de réformer, en pleine connaissance de cause, toute l'ancienne législation criminelle.

« Nous étant convaincu enfin avec la plus vive satisfac-

ralités humaines appropriées à une constitution généreuse telle que Louis XVI se félicitait d'en

---

tion pour notre cœur paternel, que l'adoucissement des peines, joint à la plus grande vigilance, que l'expédition prompte des procès, la célérité et la certitude de la peine pour les vrais coupables, au lieu d'accroître le nombre des délits, ont considérablement diminué le nombre de ceux qui sont les plus communs, et rendu presqu'inouïs les crimes les plus atroces. Nous avons résolu de ne pas différer plus long-temps la réforme de la législation en abolissant à jamais et en fixant pour toujours des peines proportionnées aux crimes, et inévitables dans tous les cas. » — DÉCLARATION DE LÉOPOLD.

On avait prouvé à Léopold qu'un prisonnier accusé était innocent, et il avait promis de le mettre en liberté le lendemain; mais, incapable de dormir avec le poids d'une injustice sur le cœur, il se leva au milieu de la nuit, et fit délivrer le prisonnier.

Je consulte l'histoire; je vois quels maux a produits la sévérité des peines, et je me dis : Si la sévérité fut un malheur, je ne saurais croire que la modération en soit un. — CHAUSSARD, *Théories des lois criminelles*.

Examinez avec soin, et remontez aux causes du désordre, vous trouverez que c'est l'impunité qui lui donne naissance et non pas la douceur du châtiment. — Art. 80, *des inst. de Catherine II*.

La cruauté une fois dans les lois, a bientôt pénétré dans le peuple. — *Leçons préliminaires* sur le Code pénal, p. 603.

A mesure que les supplices deviennent plus cruels, les âmes se mettant, pour ainsi dire, au niveau de la férocité

avoir une sous son regne; voilà quel est en ce moment le vœu de la nation.

Ne peut-elle pas justement s'en honorer puisqu'elle en attend l'accomplissement de la sagesse de son roi?

Ne prononcer la peine de mort que dans un petit nombre de cas, si elle n'est pas entièrement abolie (1).

---

des lois, s'endurcissent, et la force toujours vive des passions, fait qu'au bout de cent ans, la roue n'effraie pas plus que la prison. — BECCARIA.

On use alors le ressort du gouvernement. — MONTESQUIEU, *Esprit des lois*, chapitre *de la sévérité des peines*.

L'imagination se fait à une grande peine, comme elle s'était faite à la moindre; et comme on diminue la crainte pour celle-ci, on est forcé d'établir l'autre dans tous les cas.

La sévérité des peines ressemble à ces palliatifs dangereux que l'art de la médecine emploie pour faire disparaître un mal extérieur; il disparaît en effet, mais il passe dans l'intérieur qu'il vicie. — *Théorie des lois criminelles*.

(1) Voy. ce qu'ont écrit Mably, J.-J. Rousseau, Filangiéri sur la peine de mort : leurs diverses opinions ont été rapportées dans les lois penales de M. Pastoret.

Voy. PINEL, *Dissertation sur la peine de mort*.

Si la peine de mort n'eût pas existe, le pouvoir de faire grâce dont nos rois ont toujours joui, eût pu réparer les crimes judiciaires que nous déplorons. Cette faculté n'est pas une des moindres considérations qui pourraient faire abolir la peine de mort.

Dans les crimes d'état préciser la position actuelle de la France.

Accorder un plus long délai que vingt-quatre heures, à celui qui a reçu la confidence d'un complot, contre le roi ou sa famille, pour le révéler.

Quelque sévère que soit la peine prononcée contre ce délit, ne pas y attacher celle de l'infamie dans toutes les circonstances.

En prononcer une plus forte contre celui qui a violé, à dessein de nuire, un domicile.

Mettre une différence dans la culpabilité pour résistance aux lois, et la résistance aux simples actes de l'autorité.

Assigner une classe différente au délit des fonctionnaires qui auront arrêté de donner leur démission pour empêcher l'administration publique, et à celui des mêmes fonctionnaires qui n'auraient eu pour but que de la suspendre.

Déterminer, par une limitation précise du pouvoir, le cas où il peut y avoir empiétement de la part des autorités administratives et judiciaires.

Adoucir la peine de l'infanticide, y attacher l'idée qu'il peut n'être pas prémédité, rappeler l'édit d'Henri II sur les déclarations de grossesses. Ne pas présenter le spectacle d'une mutilation, précédant le supplice du parricide (1).

---

(1) « Tout ce qui est au-delà de la mort simple, dit

Ne pas régler le degré de la punition pour blessures et coups volontaires d'après la longueur de la maladie dont la cause est souvent équivoque et ne dépend pas de l'auteur des coups et blessures.

Régler le mode d'arrestation, pour la force armée.

Ne prononcer les travaux forcés pour vols sur les grands chemins que lorsqu'ils sont consommés avec violence; et jamais celle de la réclusion pour le larcin de quelques petits poissons dans un réservoir, ou d'un coutre dans les champs.

Ne punir le recéleur complice comme son auteur, que quand il sait les circonstances du vol.

Augmenter d'un degré la peine des pères qui abusent de leurs enfans.

Tels sont quelques points, entre autres, de la législation dont la réforme est signalée (1).

Montaigne, me semble pure cruauté. Notre justice ne peut espérer que celui que la crainte de mourir et d'être décapité et pendu, ne gardera pas à faillir, en soit empêché par l'imagination d'un feu languissant, des tenailles ou la roue. »

Il est juste d'abolir toutes les peines par lesquelles le corps humain est défiguré, art. 88 *dur inst. de Catherine II.*

(1) Quelques personnes regrettent que le Code pénal

Il appartient à des publicistes plus éclairés d'exposer les raisons de ces changemens! heureux si toujours ils le font avec franchise! mais un tel projet de loi a trop d'influence sur le bien public pour qu'il ne soit pas confié à la seule prudence et aux méditations les plus profondes. Il a besoin pour éclore des maturités du temps.

Cependant il est du devoir d'un véritable ami

---

ne contienne pas une décision qui semble indiquée par son article premier.

Le premier livre comprendrait les crimes;

Le deuxième, les delits;

Le troisième, les contraventions.

Chacun d'eux réglerait les peines respectives.

Ce Code serait en harmonie avec le Code d'instruction qui traite successivement et séparément des tribunaux de simple police, des tribunaux correctionnels et des cours chargées d'appliquer des peines afflictives et infamantes. — Voy. Legraverend, *Introduction au Traité de la législation criminelle*, p. 43.

C'est peut-être une lacune que l'absence des dispositions pénales envers les enfans qui ont levé la main sur leurs parens, envers les auteurs d'outrages à la pudeur, non publics, et d'attentats aux mœurs par l'exercice de la débauche, envers ceux qui détournent et soustraient les effets mobiliers saisis sur eux, en vertu d'actes judiciaires, envers ceux qui ont menacé de mort, envers ceux qui ont donné la commission de commettre un crime. — Voy. Legraverend, *Introduction au Traité de la législation criminelle*, p. 42.

de l'humanité de marquer une lacune de notre Code qui cause dans l'administration de la justice des désordres dont les magistrats gémissent : je veux parler d'une disposition qui permettrait aux applicateurs de la peine légale de la modérer, en raison des circonstances atténuantes.

D'apres l'article 463 de notre Code pénal : « dans tous les cas où la peine d'emprisonnement y est portée, si le prejudice n'excède pas vingt-cinq francs, et si les circonstances paraissent atténuantes, les tribunaux sont autorisés à réduire l'emprisonnement même au-dessous de six jours, et l'amende meme au-dessous de seize francs. Ils pourront aussi prononcer séparément l'une ou l'autre de ces peines, sans qu'en aucun cas elle puisse être au-dessous des peines de simple police. »

Cette disposition est restreinte aux délits et contraventions.

« Il n'est pas possible, ont dit les orateurs du gouvernement, d'établir une règle semblable à l'égard des crimes. Tout crime emporte peine afflictive ou infamante; mais tout crime n'emporte pas la même espece de peine, tandis qu'en matière de délits de police correctionnelle, la peine est toujours soit l'emprisonnement, soit l'un et l'autre ensemble. Cela posé, la réduction des peines de police correctionnelle ne frappe que sur la quotité de l'amende et sur la durée de l'emprisonnement. Au contraire, les peines établies pour les crimes étant de différentes espèces, il faudrait, lorsqu'un crime serait atténué par quelque circonstance qui porterait le juge à considérer la peine comme trop rigoureuse quant à son espèce, il faudrait que le juge fût autorisé à changer l'espèce de peine, et à descendre d'un degré fixé par la loi à un degré inférieur : par exemple, à prononcer la réclusion au lieu des travaux forcés, à temps ou bien à substituer le carcan et la réclusion. Ce changement, cette substitution, ne seraient pas une réduction de peine proprement dite. Elle serait une véritable commutation de peine. Or, le droit de commutation de peine est placé par la constitution dans les attributions du souverain ; il fait partie du droit de faire grâce. C'est au souverain seul qu'il appartient en matière de crimes de décider si telle circonstance vérifiée au procès est assez atténuante pour justifier une commutation. »

Examinons par l'analyse des principes le mérite de ces raisons de la loi.

Dans le calcul des rapports de la peine avec l'action criminelle, le législateur a pris pour mesure de la gravité de l'une et de l'intensité de l'autre, le préjudice que cette action cause à la société.

Ce préjudice causé par une action que la loi défend est un mal dont la société souffre. L'auteur en est devant elle nécessairement responsable.

Mais le mal ne doit pas être envisagé sous le seul rapport de lui-même; les circonstances dont il est accompagné, précédé ou suivi ajoutent à son caractere. Dèslors elles l'aggravent ou l'atténuent. Quelquefois elles ajoutent à ce préjudice, et toujours elles occasionnent, par la perversité qu'elles manifestent dans le coupable, un scandale. Cet exemple funeste donné à la société est un nouveau mal. Ce mal devient un autre élément de l'aggravation de la peine.

Ainsi, dans l'application, ces circonstances doivent servir à fixer la sévérité des châtimens. La loi doit faire porter sur elles sa prévoyance; et en cela, elle est d'accord avec l'équité.

Quelques-unes de ces circonstances sont matérielles; les actes, par lesquels elles se développent, peuvent tomber sous les sens, et leurs effets être appréciés. Les autres, au contraire, sont morales. Les raisons ne peuvent pas toujours en être expliquées. Le législateur n'a pu les indiquer. Eût-il su les calculer, tant l'imagination de l'homme est inépuisable dans ses ressources, tant le vice est ingénieux à se reproduire sous des formes variées!

Cependant un axiôme constant, en législation criminelle, c'est qu'il n'y a de crime que par la volonté de le commettre. Le délit consiste dans la violation de la loi jointe à la volonté de la violer. La volonté est cette faculté de l'ame qui nous détermine à agir d'après les mouvemens du cœur et les calculs de la raison. Le désir excite, la raison compare, la volonté détermine. Pour vouloir, il faut désirer et connaître. Connaître une action, c'est en apercevoir le but et les circonstances qui l'accompagnent. Ainsi, sont coupables de crimes ceux qui, connaissant le but d'une action défendue par la loi, l'ont entreprise avec la volonté de commettre le mal qui en est la suite (1).

La loi romaine s'attachait à connaître la volonté plus que le résultat. *In maleficiis voluntas spectatur, non exitus. L. 14, ff. ad leg. corn. de sicariis.*

C'est l'intention qui fait le crime, disait la législation de 1791.

Ainsi, dans un crime commis avec préméditation, la loi a réprimé la volonté de commettre le mal, et la volonté de le commettre de telle ou telle manière. La pensée criminelle est la premiere circonstance aggravante; le calcul de la raison, pour l'exécution, en est la se-

(1) FILANGIERI.

conde. Double signe de perversité; nécessité d'aggravation dans la peine (1).

Un axiôme contraire, c'est qu'il n'y a pas de crime sans la volonté de le commettre.

Une action involontaire, quelle que funeste qu'elle soit, dans son résultat, n'est pas un crime. L'action involontaire est celle qui, née de l'ignorance ou de la violence, n'est point précédée du désir et de la connaissance du but ainsi que des circonstances de l'action, et n'est pas l'effet de la volonté.

Ainsi les personnes que la loi suppose incapables de volonté, peuvent être regardées comme incapables de commettre un délit, il doit y avoir moindre faute dans ceux qui ont été au-delà de leur volonté, et plus légère faute encore dans ceux qui ont commis le mal par erreur et dans un dessein irréprochable.

A Rome, ce que les légistes appelaient le *dolus malus* était le seul signal de culpabilité

---

(1) Plus le délinquant avait de facilité à concevoir le but de son action, plus il y a lieu d'augmenter la peine en raison du dommage. — *Code prussien*, art. 38.

Si l'acte est tel qu'il doit entraîner nécessairement des effets contraires aux lois, dans l'ordre naturel des choses, bien connu de tout le monde, et généralement ou particulièrement de l'auteur de l'acte, on présume que le délit reste prémédité. — *Code prussien*, art. 27.

en matière de grands crimes. A Athènes, les tribunaux partageaient cette doctrine. L'aréopage, ce tribunal, célèbre par son humanité et sa justice, en donna de nombreux exemples. Une jeune fille éprise éperduement d'un homme voulut se l'attacher. Dans la naïveté de son amour et de sa crédulité, elle lui donna un breuvage auquel elle supposa cet effet. Accusée de poison, l'aréopage la jugea. Il reconnut que, loin de vouloir donner la mort, elle n'avait cherché qu'à rendre un amant fidèle, et elle fut acquittée.

Il suit delà que dans le fait et dans l'intention, ces deux élémens du crime, les circonstances varient à l'infini. Le fait peut être aggravé ou atténué par son résultat et ses accidens. L'intention peut être plus ou moins innocente, plus ou moins coupable, plus ou moins punissable. Elle ressort elle-même des circonstances qui la manifestent. Ces circonstances se rattachent à l'état du fait lui-même, à ses antécédens, à ses suites, à la situation de l'esprit et du corps, à l'état de l'ame, à la liberté d'agir ou à sa privation, à l'ignorance, au cas fortuit, à la force majeure, toutes choses de moralité qui effacent ou atténuent les crimes.

Tout ceci est de la part du prévenu, la source du droit d'excuses que l'ancienne législation distinguait en *excuses péremptoires* et en *excuses atténuantes.*

Les premières opèrent la justification absolue de l'accusé, tels que le défaut de volonté, l'ignorance, la bonne foi, la violence; elles se confondent avec l'intention. Les secondes ne tendent qu'à rendre le caractère du crime moins grave et la peine plus douce. Leur plus ou moins de valeur dépend des accidens particuliers qui environnent la cause et en déterminent le principe.

Les excuses atténuantes sont dans la nature même. Qui ne sait que souvent une action nuisible a pu avoir un principe bon; mais mal conçu. L'erreur est une des infirmités de la condition humaine, et l'homme est si peu libre de lui-même, qu'il fait souvent, dans un de ces momens, que les Romains appelle *nefas*, ce que dans un autre il n'aurait pas eu la pensée de commettre (1).

---

(1) N'est-il pas quelquefois sous le coup d'une contrainte morale? Sa raison n'est-elle pas subjuguée parfois par un sentiment si puissant qu'il ne peut plus apprécier sa conduite? *Il est hors de lui-même*, dit-on d'un homme que la provocation porte à des extrêmes. La passion a ses provocations, et met l'homme hors de lui-même.

Il est à ma connaissance que, dans une cour d'assises, un individu livré à la crédulité du pouvoir des sorciers,

Or, le premier besoin de la justice criminelle est une juste proportion entre l'action défendue et le châtiment légal (1). La loi pénale doit donc descendre de son inflexibilité et se placer au ton des circonstances atténuatives des délits moindres.

Tout entière à la pensée que le repos public est sous sa garde, la loi pénale, vigilante et sévère, ne se montre pas moins docile aux inspirations d'une charité douce; terrible; mais exempte de vengeances, elle sait avoir des rigueurs et des bontés indulgentes; sans pitié pour la volonté du mal, elle n'est pas sans pardon pour l'erreur; elle étudie notre cœur, pour

---

fut jugé pour tentative de meurtre. Ce misérable n'était pas fou, mais imbécille. Il avait tiré un coup de fusil sur son oncle, parce qu'il se croyait ensorcelé par lui.

Dans la maison centrale de Saint-Michel (Calvados), une femme jeune et belle est enfermée, peut-être encore en ce moment, pour castration sur son mari, dont elle était éprise, mais jalouse.

Tout ce qui augmente et diminue, pour un homme, la faculté d'agir librement et avec réflexion; doit accroître ou diminuer également le degré de culpabilité. — *Code prussien*, art. 18.

(1) Il est essentiel que les peines aient de l'harmonie entre elles, parce qu'il est essentiel que l'on évite plutôt un grand crime qu'un moindre. — MONTESQUIEU, *Esprit des lois*, tom. 1, liv. 6, ch. 16.

y mieux apprécier ce que ses écarts ont de honte et d'honorable encore ; elle suit les nuances de nos passions ; elle se plie à nos fautes ; elle condescend à nos faiblesses ; elle mesure les coups de son glaive, et n'a pas l'immutabilité du destin (1).

Le Code pénal a reconnu ces principes dans une foule de dispositions.

D'un côté, l'homme en démence n'est point susceptible de délit. — La peine est remise à ceux qui se sont retirés au premier avertissement de l'autorité publique. — Le fonctionnaire qui participe à une arrestation arbitraire n'est point coupable s'il a agi par ordre de ses supérieurs. — Les ministres d'un acte contraire aux constitutions, ne sont point poursuivis si leur signature a été surprise. — Il n'y a pas de crime dans l'usage des fausses monnaies, si celui qui les a mises en circulation les croyaient bonnes, ni de participation au crime de faux dans le cas d'ignorance. — La nécessité actuelle de la légitime défense de soi-même ou d'autrui, efface tout

---

(1) La législation doit procéder par des voies cachées et insensibles, et quand il se présente des fautes susceptibles de grâce, il faut modérer au moins la punition. — *Instructions* de l'impératrice de Russie pour le Code russe.

« La peine, dit Platon, est une précaution. » La peine est donc ce qu'elle doit être si la précaution est suffisante.

crime, tout délit. — L'homicide, les blessures; les coups cessent d'être crimes ou délits lorsqu'ils ont été commencés par la loi ou l'autorité légitime. — Le crime de rapt, disparaît aux yeux de la vindicte publique, si le ravisseur a épousé la fille enlevée.

De l'autre, la peine diminue à l'égard d'un enfant, âgé de seize ans, qui a agi avec discernement, et de celui qui a fait usage de pièces fausses dont il ignorait les vices, au moment de leur réception, et qui depuis les a remises en circulation, apres les avoir vérifiées. — Les révélateurs des crimes et délits auxquels ils avaient pris part, ceux qui se sont rendus coupables d'homicide, par maladresse, imprudence, inattention, inobservance des réglemens, ne sont punis que de peines légères. — L'emprisonnement est le seul châtiment des auteurs de détentions arbitraires qui ont mis la personne détenue en liberté au bout de dix jours. — Des provocations violentes excusent un homicide : — Et ceux qui n'ont pris part à un pillage qu'en cédant à des provocations, sont punis de châtimens d'un degré moindre (1).

La loi n'a prévu à peu près que ces cas d'ex-

---

(1) *Voy.* les art. 67, 68, 69, 135, 284, 285, 288, 319, 320, 343, 441, 463. — 64, 100, 107, 108, 114, 116, 135, 137, 138, 163, 190, 213, 247, 248, 327, 328, 329, 348,

cuses : il était impossible qu'elle les prévît tous. Les variétés sont à l'infini, les combinaisons innombrables, leur precision eut échappé aux calculs des rédacteurs. Dans cette insuffisance, cette loi ne devait-elle pas y suppléer par une disposition qui aurait mis la justice à même de diminuer la peine et de la proportionner, soit à la modicité du dommage, soit à ses causes morales, soit à l'occasion qui en a été le principe ; enfin à ses raisons ?

Les rédacteurs du Code pénal l'on senti. Aussi, ont-ils accordé aux juges des tribunaux correctionnels, le droit d'atténuer la peine, s'ils jugent le fait atténué, dans sa gravité, par les circonstances de la cause.

Ils l'ont restreint au contraire en matière de grand criminel et n'ont laissé à l'arbitrage du magistrat, que celui de graduer les peines afflictives et infamantes, entre le maximum et le minimum fixé par la loi, sans pouvoir les réduire à une simple peine correctionnelle, ou baisser le degré de sévérité de ces peines, en diminuant le nombre des accusés au-dessous du minimum réglé.

Cette rigueur est contraire aux vues d'une saine philosophie (1).

357, 370 et 380. — En outre, 321, 322, 324, 325 du *Code pénal*.

(1) La violation d'un devoir suppose nécessairement la

Le criminel n'est pas toujours en effet, dans une perversité absolue et comme dévoué à la honte. L'infortune, l'absence d'idées morales, le défaut d'éducation et de lumière, le sentiment trop vif d'une privation éprouvée pour soi ou pour un autre, une liaison dangereuse, la pensée que le sort est injuste (1), l'erreur d'un moment, sont

---

faculté d'en mesurer l'étendue. La liberté d'agir, la réflexion, la préméditation, supposent de même que le sujet a dérivé son action d'une règle de conduite qu'il s'est créée à lui-même, par exemple, pour le voleur, à celle-ci : « Tirer de la vie sociale tous les avantages possibles, et n'y voir que les moyens de favoriser ses intérêts ou de satisfaire ses devoirs. »

Mais il n'y a pas assimilation dans toutes les espèces; c'eût été confondre la législation faite par des êtres doués de raison avec la correction infligée à la brute. — M. Durous, avocat à Mayenne.

(1) Des Sauvages, sous le règne de Charles IX, furent amenés en France : on leur demanda ce qui les avaient le plus frappé. Voici leur réponse telle que Montaigne la rapporte :

Ils avaient aperçu qu'il y avait parmi nous des hommes pleins et gorgés de toutes sortes de commodités, tandis que leurs moitiés (c'est-à-dire les autres hommes) étaient à leurs portes, mendians, décharnés, mourant de faim et de pauvreté, et trouvaient étranges comme ces moitiés si nécessiteuses pouvaient souffrir une telle injustice, qu'ils ne prissent les autres à la gorge, ou missent le feu à leurs maisons.

souvent plus les sources du crime que l'envie même de faire le mal; les qualités même dans leurs extrêmes sont parfois le principe des écarts des hommes. Il est tel d'entre eux qu'une démarche fausse, et des passions nobles irritées ont conduit à son déshonneur, qui, sans un accident de sa vie, eût été citoyen honoré, un père de famille irréprochable (1).

Les circonstances générales prévues par le législateur ne manifestent pas toujours dans l'auteur d'un crime sa perversité. Ce dernier ne les compte souvent que comme des obstacles, et ne les envisage pas comme des signaux de sa honteuse dépravation.

Les circonstances particulières propres à un fait, en découvrent plus sûrement le caractère. Si quelquefois elles en constituent la gravité, d'autres fois elles l'atténuent. Le juge y peut mieux apercevoir la bonne ou la mauvaise foi du délinquant; elles seules révelent le fond de son ame, et font apprécier s'il est de ceux là qui ont mérité de tomber sous le coup de la justice,

---

(1) Nos vices et nos vertus sont souvent le résultat des arrangemens de la société. Ne pourrait-on pas se demander, avec Thomas Morus, de quel droit elle punit des crimes qu'elle a fait naître. C'est l'ordre des choses qui est criminel alors et non pas l'homme. Alors la loi au moins ne doit-elle pas être indulgente?

ou bien de ceux qui, selon l'expression du peuple, dont l'instinct est si juste, sont plus à plaindre qu'à blâmer. Le besoin, un premier mouvement, l'âge, le caractère, l'impossibilité morale de se faire rendre justice, les mœurs habituelles, la conduite passée, le plus ou le moins d'espérance que laisse le délinquant de son retour au bien (1), une foule de détails qui varient l'intérêt du fait principal ne lui sont-ils pas en effet connexes (2)? ne peut-il pas se faire enfin que

---

(1) Les anciens Perses ne punissaient point une première faute.

Lorsque les magistrats appliquent les peines afflictives et infamantes pour crimes des jeunes gens bien nés et pleins de honte de leurs fautes, dont le principe est la fougue ou l'inexpérience de l'âge, ils regrettent toujours de voir ces jeunes gens, qu'une leçon aussi forte que celle d'un jugement eût ramenés au bien, livrés aux conseils des hommes pervertis qu'ils rencontreront dans les maisons centrales de détention ou aux bagnes. Alors ils en désespèrent. Cette inflexibilité de la loi n'est elle pas en effet impolitique? Elle lui fait manquer entièrement une partie de ses effets.

(2) Des juges doivent entrer dans toutes les considérations. C'est dans ces cas qu'ils sont les juges de l'humanité. M. Bavoux, *Leçons*, p. 582.

Une bonne action par un motif *tutélaire* devient meilleure; une mauvaise, par un motif *séducteur*, devient pire: en appliquant cette théorie à la pratique un motif de la classe des motifs *séducteurs* ne pourra pas consti-

le délit dégénère en un simple tort, et que les juges du fait et ceux du droit désirent qu'il ne soit puni que des peines les plus légeres.

Or, qu'est-il arrivé ?

Les magistrats ont été cruels lorsqu'ils auraient désiré n'être qu'indulgens, le principe de la proportion entre le crime et la peine, a été violé avec scandale, la justice a été dépouillée de l'équité, les fautes de la légèreté ont été punies comme les actions odieuses dont la société s'épouvante, l'infamie a frappé ceux qu'accompagnait l'intérêt, les jurés ont déploré leur vindict, les juges ont gémi d'une sévérité qui leur a paru injuste et, sur le lieu du supplice même, la plainte du peuple s'est élevée séditieuse contre l'inflexibilité d'une loi que semblait avoir dictée la vengeance (1).

Qu'arrive-t-il maintenant dans nos assises ?

Les jurés ne peuvent ignorer que la peine est la conséquence de leur déclaration : comme ils ont appris, à leurs vifs regrets, le vice de la loi, ils cherchent dans leur réponse, aux questions

---

tuer un crime ; mais il pourra former un moyen d'aggravation. Un motif de la classe des motifs *tutelaires* n'aura pas l'effet de disculper, de justifier, mais il pourra servir à diminuer le besoin de la peine, ou en d'autres termes, former un moyen d'exténuation. — BENTAM, t. 2, p. 206.

(1) La vengeance est une passion : les lois en sont exemptes. — FILANGIERI.

à établir, une proportion entre le châtiment et le délit que le juge infligera. Peuvent-ils l'écarter? ils l'écartent. Redoutent-ils de le faire, de peur de blesser une vérité trop manifeste? ils déclarent que le fait principal n'est pas constant. La conviction est trahie, la voix de la conscience n'est pas écoutée, l'évidence de la vérité est méconnue, le ministre de la justice s'indigne de voir son temple profané par le triomphe du mensonge sur les preuves, et le peuple applaudit à un acquittement dont il apprécie le mérite d'après son sentiment, plus que d'apres les certitudes légales (1).

---

(1) un nommé R... était présenté aux jurés comme coupable d'une tentative de meurtre, commise avec préméditation, et suivie d'un vol. Un seul témoin déposait avoir reconnu l'accusé au clair de la lune, et ce témoin était l'individu lui-même sur lequel le crime avait été commis, et qui avait eu le bonheur d'échapper au coup qui lui était destiné. Cette seule déclaration avait opéré la conviction du jury, parce que le prévenu passait, dans son pays, pour un homme très-violent et capable de se porter à tous les excès, et que, de plus, il appartenait à une famille dont presque tous les membres avaient subi des condamnations ou capitales ou infamantes. La volonté des jurés était donc de delivrer à jamais la contrée de la terreur qu'y répandait la présence de l'accusé; mais, ne trouvant pas les preuves assez positives pour le condamner au dernier supplice, ils voulaient faire une déclaration dont le résultat fût de l'envoyer aux galères perpé-

Ainsi se réalise cet axiôme qu'a rappelé Montesquieu :

---

tuelles. Dans cette intention, ils crurent qu'il suffisait de déclarer que *la tentative de meurtre n'avait pas été faite avec préméditation*. Ils ignoraient que dans le cas particulier où se trouvait l'accusé, le défaut de préméditation était une circonstance tout-à-fait indifférente à la gravité de la peine qui devait lui être appliquée, parce que la tentative de meurtre dont il était accusé avait été suivie d'un vol. Ils se décidèrent donc à répondre affirmativement aux deux questions qui leur étaient proposées ; la première sur la tentative de meurtre, et la seconde sur le vol qui avait suivi cette tentative, en se contentant seulement de retrancher de la première question la circonstance de la préméditation. Cette déclaration ainsi conçue, faisait, aux termes de la loi, tomber la tête de l'accusé.

Le hasard voulut que les jurés désirassent, avant d'émettre leur déclaration, consulter le président sur un objet étranger à l'affaire. Ils lui députèrent à cet effet le chef du jury, et celui-ci, après lui avoir demandé l'explication qui faisait l'objet de sa mission, lui apprit que les jurés s'étaient réunis, pour faire prononcer contre l'accusé une condamnation aux travaux forcés à perpetuité. Là dessus il lui montra la réponse qu'ils avaient faite pour atteindre ce résultat, le président s'aperçut sur-le-champ de leur erreur, et balança d'abord s'il les en avertirait. La vie d'un homme dépendait de l'explication qu'il pouvait donner, mais son devoir lui ordonnait de garder le silence, et sa première détermination fut d'y obéir. Rentré dans la chambre du conseil, il entendit le bruit de la sonnette des jurés, qui faisait connaître qu'ils étaient prêts à re-

« La sévérité excessive procure l'impunité des crimes (1).

---

monter à l'audience pour y émettre leur déclaration. C'était celle que leur chef avait montré au président. Ce bruit remplit son ame d'épouvante; il était pour lui le signal de la condamnation capitale de l'accusé, et d'une condamnation qu'il savait contraire à l'intention des jurés. Il n'eût pas la force de supporter cette idée. Il fit connaître à ses collègues l'erreur fatale dans laquelle les jurés étaient tombés, et leur demanda leur avis sur ce qu'il devait faire. Tous l'engagèrent à faire appeler le chef du jury, et à lui donner connaissance des dispositions du Code pénal. Il s'abandonna à ce conseil. Le chef du jury frémit du danger qu'avait couru l'accusé et demanda au président, avec une confiance naïve, de lui dicter la déclaration qu'il fallait faire pour que l'intention des jurés à l'égard de l'accusé pût être remplie. Ce magistrat lui dit que si le jury persistait dans sa résolution de déclarer constante la tentative de meurtre, il n'avait pas d'autre moyen, pour arracher l'accusé à la mort, que de répondre négativement sur l'existence du vol. Les jurés s'empressèrent d'accueillir cette idée, quoique, dans le fait l'existence du vol fut constante au procès, et qu'il était impossible qu'il n'eut pas été fait par la même personne qu'avait commis la tentative du meurtre. — *V.* M. COTTU, *Reflexions sur le jury*.

(1) En 1818 deux jeunes gens furent poursuivis devant les assises de Tours pour vol de petits poissons dans un reservoir, ils les avaient dérobés dans un moment de gaîté et avaient fait une friture évaluée à quarante sous. Le jury s'empressa de les acquitter.

Vainement la loi a-t-elle dit aux jurés ne vous occupez pas de la peine, ne voyez que le fait;

---

(1) Voici ce que raconte M. Lacroix, dans son ouvrage, *Réflexions morales sur les délits.*

«Qu'il me soit permis de raconter l'entretien que j'eus il y a quelque temps avec un magistrat de sûreté, qui exerce son ministère dans un département éloigné de la capitale. J'avais eu l'avantage de le rencontrer dans une maison où il allait habituellement; il m'avait parlé avec trop d'éloges de quelques articles épars dans le Répertoire de jurisprudence ou ensevelis dans la nouvelle Encyclopédie. Un jour, que j'allais lui rendre visite, je le trouvai absorbé dans de profondes réflexions:—Je veux, me dit-il, avoir votre avis sur un acte de justice privée que j'ai résolu de remplir. Je tiens depuis dix jours, sous un mandat de dépôt, trois jeunes villageois qui ont mérité d'être corrigés, mais qui seront trop punis si la loi les atteint: l'un est tisserand et passe dans son village pour un ouvrier laborieux; l'autre est un charron auquel on n'a jamais eu de reproches à faire; le troisième, après avoir obtenu son congé, est revenu cultiver l'héritage de son père, fait vivre de ses sueurs une veuve et deux jeunes frères. Ces trois jeunes gens, revenant un soir de la danse, échauffés par le plaisir et peut-être par le vin, passèrent près d'une maison isolée et dont ils connaissaient le propriétaire: ils n'ignoraient pas qu'il nourrissait des lapins; ils formèrent le complot de lui en enlever deux. Cette malheureuse idée n'eut pas plutôt fermenté dans leur tête, qu'ils s'occupèrent de la réaliser. — A l'instant, l'un s'applique au mur, le second s'exhausse sur les épaules de son compagnon, et parvint à descendre dans la cour, pendant que le troisième est aux aguets et observe si ses complices ne seront

théorie illusoire! et le moyen que des hommes accoutumés à l'usage de leur raison ne cher-

---

pas découverts. Celui qui s'est introduit dans la maison se hâte de briser quelques barreaux fragiles qui retenaient les animaux captifs ; il en tire deux, les jette à ses camarades qui les reço[illegible] et l'aident à se rejoindre à eux. Les trois étourdis s'enfuient bien joyeux, et vont cacher leur larcin, autour duquel ils se réunissent le lendemain dans un cabaret qui n'est pas éloigné. Cependant le propriétaire s'est déjà aperçu du vol qui lui a été fait, de l'effraction qui l'a précédé ; il se répand en injures et en menaces contre ses auteurs, se transporte chez le maire qu'il invite à venir chez lui, pour reconnaître le larcin et en constater toutes les circonstances : un procès-verbal est dressé sur la plainte de l'accusateur, et malheureusement l'indiscrétion des coupables les fait bientôt découvrir ; ils me sont dénoncés, et je les fais conduire tous les trois en prison. A peine y sont-ils, que des parens viennent implorer mon indulgence. Le plaignant amplement dédommagé, unit sa voix à celle des mères éplorées. Je vérifie tous les faits, je recueille tous les témoignages qu'on me présente, j'enjoins au geolier de retenir les trois captifs au secret, de ne leur accorder d'autres alimens que ceux qui sont délivrés à l'indigence, et je médite en silence sur le parti que je dois prendre à leur égard.

Voici le raisonnement que je me fais : si je veux traduire ces malheureux devant la police correctionnelle, on m'objectera que leur faute est accompagnée de circonstances aggravantes qui rendent ce tribunal incompétent ; si je rédige contre eux un acte d'accusation, un premier jury n'osant pas les absoudre, les enverra devant la cour de justice criminelle. Là, on posera cinq questions princi-

chent pas la conséquence d'un acte qui doit amener, pour un citoyen la mort, ou la privation

---

pales : *Y a-t-il eu vol?* Le *vol a-t-il été commis* la nuit? *A-t-il été accompagné* d'effraction ? A-t-il *été précédé* d'escalade ? A-t il été *commis* par plusieurs ? Les jurés ne pourront se dispenser de prononcer sur les questions d'une manière affirmative, et les juges, seront contraints de condamner à quatorze années de fers ces trois villageois, dont l'un était sur le point de contracter une alliance avantageuse. Le jour où ils seront exposés sur l'échafaud, ils se trouveront peut-être placés avec quatre brigands dont j'ai provoqué la condamnation, pour s'être introduits dans une maison de campagne qu'ils ont dévastée, en contenant par la terreur de leurs armes deux domestiques incapables de leur résister. Ces condamnés iront dans la même charette aux galères, seront couverts des mêmes vêtemens, traîneront la même chaîne pendant le même nombre d'années. Je vous l'avoue, l'idée d'un aussi horrible rapprochement et pour deux causes si différentes me fait frémir, et dut-on m'accuser de trop de faiblesse, je suis déterminé à étouffer ce délit dans le silence et à renvoyer mes trois étourdis à leurs travaux, après les avoir pénétrés d'effroi sur les conséquences qui devaient résulter de leur larcin. »

L'atrocité des lois en empêche l'exécution. Lorsque la peine est sans mesure on est souvent obligé de leur préférer l'impunité.—MONTESQUIEU, *Esprit des lois*, liv. 8. ch. 13, t. 2.

L'impunité est la suite ordinaire de l'atrocité des peines. — *Lois pénales*, t. 4. p. 100.

Elle est alors un malheur d'autant plus grand que le mal est dans le remède.—*Théorie des Lois criminelles.*

de sa liberté, pour le reste de ses jours. Aussi les jurés s'efforcent-ils à connaître la gradation des peines. Plusieurs même apportent avec eux un Code que chacun s'empresse de consulter; et le plus ou moins de rigueur des dispositions pénales les détermine. Qui de nous n'a entendu d'honnêtes jurés, après une décision dont ils ne dissimulaient pas l'inexactitude, s'écrier : « Encore, si la peine eût été moins rigoureuse! » Que l'inflexible vertu les condamne; l'humanité est là pour excuser cet acte de leur conscience.

Toutefois ce n'est pas assez de signaler le mal, il faut en chercher franchement le remède.

On ne le trouve pas dans l'ancienne jurisprudence qui ne s'attachait qu'aux faits, et frappait indistinctement et sans mesure les coupables.

La législation de 1791 changea cette absurdité qui disparut par l'établissement du jury. Il était de l'esprit de cette institution d'examiner et d'apprécier l'intention des prévenus. Un décret même de la convention nationale fit de cette doctrine une loi. Les présidens des tribunaux furent tenus de poser la question, relative à l'intention; et les jurés, de répondre par une déclaration formelle, appelée *déclaration d'équité*.

Des abus sortirent de cette autre législation. Les jurés firent un usage indiscret de leurs droits.

Posée isolément, la question intentionnelle devenait pour eux une source d'erreurs; et delà, ces acquittemens dangereux qui, pour un moment, discréditèrent la justice.

Aujourd'hui l'intention se trouve toujours positivement et implicitement comprise dans l'acte d'accusation qui sert de base aux questions. La déclaration d'équité est connexe à la déclaration du jury sur l'existence du crime.

L'instruction du mois d'octobre 1791 admettait les excuses atténuantes, et présentait la prononciation excusable comme une mesure juste et salutaire qui fait concourir l'équité avec la justice; une précaution nécessaire, ajoute-t-elle, dans toute législation qui ne veut pas être inhumaine.

La loi de brumaire an IV régla cette doctrine. L'accusé articulait-il une circonstance d'excuse, les juges examinaient, d'après l'équité, la raison, la morale, si elle était admissible. La circonstance alléguée était-elle jugée excusable, le jury était chargé du soin de vérifier si elle était prouvée suffisamment. Etait-elle prouvée, la peine était réduite à un emprisonnement qui ne pouvait excéder deux années.

Pourquoi la loi nouvelle a-t-elle mis à l'écart cette théorie de l'excuse si propre à concilier l'intérêt de la société et celui des accusés? Cependant elle est indispensable aux législations qui se développent par des dispositions trop générales. Celles qui ont cherché la juste proportion entre les délits et les peines ne sauraient non plus la méconnaître. En est-il aucune, en effet, qui aye calculé toutes les circonstances atténuatives d'un fait? Cette prévoyance n'est-elle pas, au contraire, hors du pouvoir de la sagesse humaine (1)?

Cependant le Code de 1810 dispose qu'il ne pourra être proposé pour excuse au jury qu'un

---

(1) L'auteur des annales politiques, en calculant quelle serait l'étendue de la législation pénale applicable à toutes les nuances de gravité du crime de vol était arrivé à ce résultat. « Qu'en supposant chaque décision, chaque loi particulière conçue en deux lignes seulement, il faudrait au moins vingt et un millions de volumes in-folio de deux mille pages chacun, pour renfermer le Code législatif, sur ce seul article. Il n'y a pas moins de combinaisons, continue cet auteur, sur le meurtre, l'assassinat, l'empoisonnement, l'adultère, le viol, le rapt, sur la révolte, la sédition, le crime de lèze-majesté, le parjure, le faux et puis vient la théorie des complices diversifiée à l'infini, ensuite celle des procédures, des examens, des indices, des preuves, des aveux, des témoignages, des experts, des saisies, des probabilités quelconques, pour ajourner, pour enfermer, pour condamner un prévenu.—Multiplicité infinie d'objets, détails infinis sur chaque objet, difficultés innombrables pour voir les objets, voilà les trois écueils contre lesquels ont énoncé les législateurs. — *Voyez* M. BOURGUIGNON, *Dissertation sur les lois pénales.*

fait reconnu tel, par la loi, comme s'il lui avait été donné de déterminer tous les cas d'excuse et toutes les circonstances atténuantes (1) !

L'erreur était forcée; aussi les résultats les plus funestes en ont été les suites. La justice jusques à cette heure les a quelquefois empêchées par ces monsonges que l'on ne peut condamner; mais qu'il faut éviter, parce qu'ils sont des offenses envers la morale.

Ainsi donc, ce fut une faute de la législation nouvelle que de rejeter les sages dispositions de la loi d'octobre 1791 et de brumaire an IV, sur les excuses : et les rappeler, par une loi, serait un retour aux plus fidèles principes de la raison.

La conséquence de toutes ces observations est qu'il faut remettre entre les mains des juges un pouvoir qui supplée aux insuffisances de la loi; et dèslors, généraliser les dispositions de l'article 463 pour toute espèce de crime (2).

---

(1) Art. 65 du Code pénal.

En ne reconnaissant point les faiblesses de la nature, en voulant se mettre au-dessus de la débilité humaine, il fait preuve de dureté, sans faire acte de justice.—M. Bavoux, V. *ses leçons*, p. 582.

(2) Le vice que nous signalons ou la réforme que nous appelons ont été vivement et plus promptement sentis par un peuple voisin que par nous ? En conservant notre Code, il a presque immédiatement apporté le remède que nous désirons.

Le droit de prononcer sur le mérite des circonstances atténuantes appartient aux jurés et aux juges.

Institués pour déclarer l'existence du crime dans les termes de la loi, les jurés prononceront sur le mérite des circonstances atténuantes, dans tous les cas où ces circonstances auront été prévues par le Code. Ce droit ne sera pas un droit nouveau. Il est déjà dans leurs attributions.

Les juges apprécieront au contraire les circonstances particulières indéterminées, et non

---

Deux arrêtés du roi des Pays-Bas portent :

Le premier en date du 9 septembre 1814 : « que dans le cas où la peine de la réclusion est portée par le Code pénal, si le préjudice causé n'excède pas 50 francs, et si les circonstances sont atténuantes, les juges sont autorisés à prononcer la réclusion avec dispense de l'exposition publique, ou même à la réduire à un emprissonnement qui ne pourra être au-dessous de huit jours. »

Le second sous la date du 20 janvier 1815, va encore plus loin; il fait disparaître la fixation du préjudice souffert et déclare simplement :

« Que la peine des travaux forcés à temps peut être commuée en celle de la réclusion, et le coupable exempté de l'exposition publique, dans tous les cas où des circonstances particulières, resultant de l'âge du coupable ou de l'exiguité du crime, démontreraient aux juges la nécessité d'adoucir la disposition de la loi.

prévues par la loi (1). Ce pouvoir a d'un côté pour origine, la prérogative qu'ils ont de juger le point de droit, d'où découle celle de prononcer sur la qualification du fait, opérations entièrement indépendantes et séparées de celles du jury. De l'autre côté, il se rattache à celui qu'ils ont déjà de prononcer les peines, en les choisissant entre le *maximum* et le *minimum*, réglés par la loi. Ce droit nouveau sans exhorbitance et sans dangers, ne laisserait aux juges que le privilége d'adoucir des rigueurs. Droit consolant et honorable, il faudrait l'inventer plutôt, pour leur donner une juste indemnité des sévérités qu'ils exercent; le législateur devra, d'autant mieux le placer dans leur domaine que, abandonné aux jurés, les juges auront la faculté de le rendre en partie illusoire (2).

---

(1) Cest dans la conscience du juge qu'est le supplément aux dispositions que la loi pénale dans l'intérêt social laisse à leur arbitraire.

(2) Supposons le cas où la cour ne partagerait pas l'opinion du jury sur l'atténuation des circonstances. Que s'en suivra-t-il. C'est que la cour, forcée par la déclaration du jury, de modérer une peine qu'elle croira justement encourue par le coupable, ne manquera pas de ne la diminuer que d'une manière excessivement légère et même dérisoire, d'un jour par exemple, si la gravité de la peine consiste dans la durée et qu'ainsi, dans chaque affaire, il pourrait s'élever une espèce de lutte entre les juges et les

Ainsi, devant la puissance de ces principes et de ces considérations, l'objection des orateurs de la loi dont la base est la crainte d'attenter au droit de grâce, est de bien peu de chose. Ne dirait-on pas, à les entendre, qu'ils ont voulu exposer aux duretés de la peine le sort des citoyens, pour ménager au chef de l'état le moyen de paraître clément. Mais n'est-ce pas flétrir le droit de grâce, dans ses principes purs, au lieu de le respecter! De quel prix peut donc être, pour le monarque, un privilége qui ne lui est réservé qu'au détriment de ses sujets? Et ne doit-il pas préférer que ses cours de justice règlent leur décision, sur une plus exacte mesure des délits et des peines, à la régulariser, par un droit de grâce qui livre le patient, dans les jours de l'attente, à toutes les alarmes d'une chance hasardeuse?

La loi criminelle doit contenir toutes les dispositions d'humanité qui n'exposeraient pas la

---

jurés, lutte qui serait d'autant plus affligeante, que tous les bienfaits que l'on doit attendre de l'institution du jury, ne peuvent résulter que de la bonne harmonie entre les juges et les jurés, et de leurs efforts simultanés, pour arriver à la juste punition du crime. — M. Cottu, p. 52, *Réflexions sur l'état actuel du jury*, etc.

D'après Locke, le juge ne doit pas seulement faire usage de sa science; mais il doit encore avoir le droit d'employer sa raison. — *Gouvernement civil*, ch. 13.

sécurité publique; sans doute, il est de son devoir de garantir les accusés d'une sévérité au-delà des bornes qui n'aurait sa source que dans la passion dont un juge pourrait être animé (1); mais elle ne peut craindre, de même, les exces de son indulgence. Qui, plus que la magistrature, a le droit d'obtenir, de la confiance, un arbitraire qui n'est sujet qu'à de rares et légers inconvéniens, et qui éviterait tant de désordres? Qu'elle s'empresse donc de remettre en nos mains le pouvoir de descendre à notre faculté, la peine de ses degrés et de la déterminer, en le diminuant, d'apres le caractere moral du délit! Plus conforme aux règles d'une exacte proportion, cette mesure seule peut se prêter, à suivre l'action criminelle dans ses modifications, et en faire une appréciation meilleure;

---

(1) « Il ne faut pas que le juge puisse appliquer à son gre les différentes peines, la mort, les galères, le bannissement; mais il faut lui laisser, quand la peine est bien determinée, la liberté d'en nuancer la durée, suivant les circonstances du crime, en lui defendant toutefois de la prolonger au-delà d'un terme fixé. Par ce moyen, son ministère ne s'exercera jamais que pour adoucir le châtiment. Il est d'ailleurs impossible que la législation ait tout prévu, tout calculé : et comment ne pas laisser au juge la faculté d'y suppléer, lorsqu'il ne s'agit ni de réformer, ni de changer, ni d'altérer une loi. — *Lois pénales*, l. 4, p. 75.

étrange sort des législations criminelles! Leur propre est de contenir des dispositions précises, et cette précision est le principe même d'une foule d'imperfections et de difficultés dans la pratique (1). Comment ne pas solliciter de tous ses vœux une disposition légale destinée à les effacer, au moins en partie? Le magistrat intègre et humain, peut-il voir avec indifférence cette lacune? Ne doit-il pas la signaler à l'attention des chefs de l'état, et réclamer une modification salutaire qui s'opérerait sans secousse. Hâtons-nous de l'obtenir; car, sans elle, l'humanité souffre, et elle peut apporter un baume à ses plaies. Le jeune homme, au-dessus de seize ans, dont la raison, peut-être, n'a pas reçu tout son développement, ne se dira plus : «Un jour de moins, dans le compte de mes années, et l'infamie ne se serait pas attachée à mes jours (2). » L'homme violent ne sera plus

(1) On renverserait tous nos Codes, on les recommencerait en entier, que des vices nouveaux et imprévus viendraient prendre la place de ceux qu'on aurait voulu détruire. — Dupin, *Observations sur quelques points de législation criminelle.*

(2) Si l'esprit de l'homme ne se développe qu'avec l'âge. S'il reste comme enseveli dans les ténèbres jusques au temps de la perfection de ses organes et de ses sens, d'où viennent toutes les idées; il faut convenir que ce développement se fait bien différemment dans les divers individus;

condamné à la réclusion pour des blessures dont la victime souvent, dans l'espoir d'une réparation, aurait prolongé le résultat au-delà de vingt jours; l'indigent qui a dérobé un misérable pain au péril de ses jours, ou un ferrement enlevé d'une charrette délaissée sur un chemin public, pourra n'être pas condamné aux travaux forcés (1). L'ivresse, qu'il y a du danger à procla-

---

pour peu que le moral soit subordonné au physique pour son accroissement, il est difficile de ne pas avoir observé que tel adulte est plus avancé à quinze ans que tel autre à dix-huit ans : une raison prévue vient au secours des uns; une raison plus tardive laisse les autres plus longtemps dans les ténèbres de l'enfance : l'un naît avec un esprit réfléchi et observateur; l'autre voit les objets et les scènes de la vie sans y avoir fixé son attention, sans en avoir en aucune manière apprécié les effets : tout se grave dans le cœur et dans l'esprit de l'un, tout effleure les facultés de l'autre sans y laisser aucune empreinte. Les passions sont vives et fougueuses chez celui-ci, elles ne sont pas nées, ou elles sont tout-à-fait inertes chez celui-là. On a vu des hommes qui se rappellent distinctement qu'à douze quinze et dix-huit ans, ils n'avaient aucune idée nette des principes de l'ordre social auxquels ils ont été depuis fidèlement attachés. — M. Bavoux, *ses Leçons*, ch. *Faiblesse de la raison.*

(1) Vols de grand chemin, art. 383. c. p.

Une pauvre femme, je crois même une mendiante, fut trouvée morte sur la route de Paris à Saint-Denis. Un ouvrier très-âgé qui allait le matin, au point du jour à son ouvrage, aperçut le corps et s'en approchât : il s'assura

mer comme principe excusable, pourra être une excuse vraie et fondée (1). L'embarras où nous

---

que la femme était morte ; il vit qu'elle avait sur le col un fichu qui valait encore quelque chose ; il le prit, et s'en alla. Il rencontra des gendarmes, et leur raconta ce qu'il venait de voir. Ils lui dirent de revenir avec eux : il s'y refusa, je crois, parce qu'il allait à sa journée ; mais leur dit chez qui il allait travailler. Dans le courant de la journée, ils revinrent à cet homme sur lequel ils trouvèrent le mouchoir, dont il rendit le compte ci-dessus. Il n'en fut pas moins arrêté. Comme juge d'instruction (dit M. *Bavoux* dans son chapitre, intitulé *Examen de la législation criminelle*, p. 423), je fus chargé de cette affaire : ni la bonne foi dans laquelle me parût être cet homme, ni la raison qu'il n'avait pris ce mouchoir que parce qu'il le croyait abandonné, et qu'un autre l'eût pris comme lui, ni la modicité du prix de cet objet, qui ne valait peut-être pas dix sous ; rien ne put épargner à ce malheureux vieillard les angoises d'une instruction, ni la longueur de la détention. —Il fallut aller chercher sa justification aux assises. Si le jury eut suivi scrupuleusement la loi, il ne pouvait s'empêcher de répondre affirmativement pour le fait de soustraction sur un chemin public ; l'homme allait aux galères pour la fin de sa vie.

(1) L'ivresse affaiblit le pouvoir de la raison, sera-t-elle regardée comme une excuse ? La loi française ne l'admet pas. Une ordonnance de François Ier de 1336, la regarde comme une aggravation du crime, notre Code est muet.

Chez les Grecs, Pittanes voulut que la peine fut doublée l'une pour le crime, l'autre pour l'ivresse.

Les Anglais partagent cette dernière opinion. V. BLACKSTONQ.

jettent des systèmes sur des lois absolues, et dont la perfection est impossible, disparaîtra. Ces

---

Filangieri est du même avis. t. 4, ch. 3.

Cependant les Romains, dans diverses lois, indiquaient l'ivresse comme motif d'indulgence (*).

Il était de même des lois canoniques (**).

Le Code autrichien, part. 1, §§ 1 et 2; part. 2, §§ 3 et 267, décide que nulle action ou omission ne peut être réputée crime lorsque son auteur était dans un état d'ivresse complète et accidentelle, et que toute action ou omission ne doit, dans ce cas, être punie que comme une grave contravention de police. L'ivrognerie au contraire, ou l'ivresse habituelle mérite la juste sévérité du législateur; elle forme à elle seule un délit particulier, puni de peines susceptibles d'être aggravées en cas de récidive, à l'égard des ouvriers qui travaillent sur les toits ou sur des échafauds, ou de ceux dont l'état exige l'emploi du feu ou des matières faciles à enflammer, et, en général, des manœuvriers ou domestiques dont la négligence peut causer des incendies.

Le Code pénal prussien reconnaît que celui qui est privé de la liberté d'agir n'est point passible de peines.

« Que si un individu, s'est à dessein, ou par grossière imprudence, soit par suite d'ivresse, soit pour toute autre cause, mis dans un état tel, qu'il ait éprouvé une privation ou du moins une restriction dans la faculté de raisonner, l'infraction qu'il aura commis dans cet état sera punie en raison de la gravité de son imprudence.

(*) Les L. 11, 52 D. *de penis,* L. 6, 57, de re militari, L. 12, D. Custod. et exib. reorum, L. 1, *cod.* si quis imperatori maledix.

(**) Décret de Gratien

lois perdront ce caractère de vengeance si contraire à leurs principes, et qui laissent au peu-

---

« Que celui qui, au moyen de liqueurs spiritueuses ou de tout autre manière, mais avec préméditation, a mis un autre hors d'état d'agir avec liberté, est responsable des mauvaises actions que cet autre commet en cet état. »

L'article 40 du Code de Bavière porte :

« Quiconque s'étant, avec préméditation, proposé de commettre un crime, s'est, pour sa perpétration, mis à dessein dans un état d'absence d'esprit, soit par suite de besoin, soit de tout autre manière, sera puni comme coupable avec préméditation quand même le crime commis en cet état serait d'une nature autre que celui dont le coupable avait médité l'exécution. »

« L'article 121 déclare le fait non punissable lorsqu'il a été résolu et exécuté dans un égarement des sens ou de l'esprit, survenu à l'auteur sans sa faute, et pendant lequel il n'avait point la consciece, soit de l'action elle-même, soit de sa culpabilité. »

Ce dernier article me semble plus conforme aux vrais principes, l'ivresse peut être accidentelle ou réfléchie. Dans le premier cas, si elle ne s'unit point à l'action du crime, c'est-à-dire si la réflexion et l'intention du crime n'existaient point avant l'acte commis au moment où le vin avait enlevé au coupable la raison, il peut y avoir lieu à excuse, autrement, elle ne saurait être une circonstance atténuante. Il en serait de même si l'ivresse était réflechie, si elle était un moyen de s'animer à l'exécution d'un mauvais dessein.

Il faudrait donc connaître au procès le caractère de l'ivresse et examiner si elle a provoqué la volonté du mal, si elle a servi à l'encourager, si elle a été un moyen de

ple sur nos jugemens des idées de violence, de tyrannie et un ressentiment; le mensonge, banni

---

perpétration ou bien si elle a mis par hasard l'accusé dans cet état d'irréflexion qui l'a rendu indépendant de lui-même, sans volonté ni intention, par pur accident, et ne lui a pas permis de connaître, ni les raisons, ni le mode, ni le but de son action.

Voici une anecdocte rapportée par Duclos, qui montre que l'ivresse peut être une excuse atténuante.

« Un jour, et peu de temps après son second mariage, le czar Pierre-le-Grand envoya Villebois, français qu'il s'était attaché à Strelemoitz, maison de plaisance où était la czarine, pour lui communiquer une affaire dont elle seule devait avoir connaissance. Le commissionnaire aimait à boire, l'ivresse le rendait violent; et le froid était si vif que, pour y résister, il but en chemin beaucoup d'eau-de-vie. La czarine était au lit lorsqu'il arriva; il attendit, devant un poële, qu'on l'eût annoncé. Le passage subit du froid et du chaud développa les fumées de l'eau-de-vie, de sorte qu'il était à peu près ivre lorsqu'on l'introduisit. L'impératrice ayant fait retirer ses femmes, Villebois commençait à s'acquitter de sa commission; mais, à la vue d'une femme jeune et belle, dans un état plus que négligé, une nouvelle ivresse le saisit; ses idées se brouillent, il oublie le sujet du message, le lieu, le rang de la personne, et se précipite sur elle. Étonnée, elle appelle à son secours; mais avant qu'on fut arrivé, tout ce qu'on eût voulu empêcher était fait. Villebois est saisi et jeté dans un cachot, où il s'endort aussi tranquillement que s'il eût bien fait sa commission, et n'eût rien à se reprocher, ni à craindre. Le châtiment,

du sanctuaire de la justice, ne la blessera plus par la trahison de la vérité, elle-même ne rou-

---

en effet, ne répondit pas à sa témérité. Le czar, qui n'était qu'à quelques lieues de là, fut bientôt instruit de ce qui venait de se passer. Il arrive, et, pour consoler sa femme, que les brusques efforts de Villebois avaient blessée au point qu'il fallut la panser, il lui dit que le coupable qu'il connaissait de longue main était certainement ivre; il le fait venir, et l'interroge sur la manière dont il a fait sa commission. Villebois, encore à demi-ivre, lui répondit qu'il a sûrement exécuté ses ordres; mais qu'il ne sait plus où, quand et comment. Quoiqu'il fut difficile qu'il eût perdu toute l'idée de ce qu'il avait fait, le czar jugea à propos de l en croire, parce qu'il s'en était plusieurs fois servi utilement, et pouvait encore l'employer; mais, par une sorte de police, et pour ne pas laisser absolument impunie une violence qui, exercée sur la femme du plus bas etage et sous le gouvernement le plus doux, mériterait le dernier supplice, le czar se contenta d'envoyer le coupable forçat sur les galères qu'il commandait auparavant; et, six mois après, il l'e rétablit dans le même poste.

La facilité de contrefaire l'excuse, la fait rejeter comme moyen d'atténuation; c'est lui donner ce sens : lorsque des présomptions graves s'élèvent contre un accusé; mais qu'il paraît trop difficile de réunir un corps de preuves suffisant pour établir sa culpabilité; il est bien plus expédient, pour trancher la difficulté, de l'envoyer au supplice, encore qu'il ne soit pas pleinement convaincu...

(M. Dufour, avocat à Mayence.)

Il me semble que, s'il y a du danger à faire une bonne loi sur l'ivresse, on l'écarterait au moyen de la généra-

gira plus d'avoir été cruelle; malgré sa délicatesse; la sensibilité de ce peuple ne sera plus offensée par ces châtimens disproportionnés et dont la dureté convient mal à notre civilisation (1); nos arrêts; au contraire, seront ap-

---

sation de l'art. 463 du Code pénal, les juges seraient appréciateurs des circonstances. On éviterait ainsi de présenter dans une loi des facilités à un accusé pour tromper la justice.

(1) Tous les peuples sont revenus à la douceur des peines, après avoir fait l'essai de la rigueur. Ainsi les lois ont toujours passé et passeront toujours de la sévérité à la modération. Cette marche est dans la nature (CHAUSSARD, *Théorie des lois criminelles*, p. 22).

La comparaison des maux résultans des intérêts blessés entre eux avec la mesure de la peine, n'a pu se faire avec exactitude que d'après la connaissance la plus approfondie des vices de l'humanité. Toutes ces comparaisons si nécessaires étaient impossibles à faire dans l'origine des sociétés où le mal naissait à l'imprévue; il n'est donc pas étonnant que la proportion de ce mal à l'intérêt des hommes ait été si fautivement déterminée par les premiers peuples. Il faut, après s'être approché d'un objet, s'en éloigner ensuite jusqu'à une certaine distance pour le bien voir et en juger sainement. — (M. DE VALAZÉ).

La Genèse nous montre Thamard condamné au feu pour adultère, et les Annales juives rapportent le supplice du pannetier Pharaon. Dracon, dont les lois étaient écrites avec du sang, précéda à Athènes le sage Solon; les peines imposées par Moïse aux Hebreux étaient cruelles. La loi des Douze Tables contenait des disposi-

puyés de son opinion, de son assistance, et nous pourrons enfin, à la faveur de cette disposition tutélaire, attendre tranquillement cette révision si désirée des Codes, et qu'il faut ajourner au moment du calme de tous les partis.

Conséquences.

Notre système d'accusation judiciaire concilie tous les intérêts (1); supérieur à celui des lé-

---

tions barbares que les lois de la république effacèrent. Les Gaulois brûlaient vifs les criminels en honneur des dieux; et partout, depuis l'émpire de la Chine jusqu'au Mexique, nous voyons les peuples passer à la modération après avoir reconnu l'insuffisance de la sévérité.

La vie des empires est comme celle de l'homme. L'homme, dans son enfance, est souvent cruel par défaut de raison; il cesse de l'être dans l'âge mûr, s'il réfléchit; dans la vieillesse, il le redevient quelquefois par imbécillité — (*Théorie des lois criminelles.*).

(1) Opinion de M. Legraverend.

« Le code d'instruction contient tout ce que le jurisconsulte éclairé peut désirer pour la sauve-garde de l'innocence, tout ce que le philantrope peut réclamer en faveur de l'humanité; et le peuple, dont la législation proscrit avec tant de soin les retards inutiles dans l'instruction des procédures, et les rigueurs de toute espèce envers les

gislations voisines, nous devons le conserver; mais il faut le mettre en harmonie avec notre

---

prévenus, les accusés et même les condamnés, ne peut pas craindre de mettre sa procédure en parallèle avec celle des autres peuples, et n'a surtout rien à envier à cette nation si fière de la libéralité de ses institutions, qui peut se glorifier, il est vrai, d'avoir provoqué l'abolition générale de la traite des nègres, mais qui fait vendre ses femmes au marché comme des bêtes de somme, et qui, à la honte de l'humanité, et à sa honte particulière, conserve encore parmi ses lois le barbare usage du jugement de penance.» — *Introduction au Traité de la législation criminelle.*

A Venise, voici quelle est la procédure actuelle.

« Les procès criminels sont conduits dans le plus grand « secret; l'accusé ne peut pas avoir de défenseur, et on « lui laisse ignorer son accusateur. Il peut être détenu « sans procès; et quand on le rend à la société, il y rentre « avec la conviction qu'il a un secret ennemi dont il ne « peut prévoir ni prévenir les futures machinations. « Vingt-quatre juges siégent autour d'une chambre bien « fermée, et sous le manteau des lois et de la justice, « décident de la réputation et de la vie des citoyens, sans « être arrêtés par la crainte de l'opinion publique ou l'o- « bligation de motiver leur jugement: le refus d'un avocat « n'est point un oubli. Ce sujet a été la matière d'une « discussion formelle, et le conseil aulique de Venise s'est « décidé sciemment et volontairement à refuser une fa- « veur que le bon sens et l'honnêteté naturel font re- « connaître à tous les hommes comme un droit. » — *Voyage en Italie*, tom. 5, p. 419.

gouvernement représentatif, et la progression croissante de nos mœurs.

Ainsi, en comparant notre législation avec celle des autres peuples, nous pouvons nous applaudir des garanties qu'elle contient.

CHAPITRE XVII ET DERNIER.

Conclusions.

La plus forte somme de bonheur possible pour la masse la plus considérable d'individus, voilà ce que doivent chercher la philosophie dans ses méditations, et l'administration dans ses pratiques.

Le ministère public, de toutes les magistratures celle qui laisse le plus l'idée de fonctions à remplir utiles à son pays, et d'illustration à acquérir, a une grande influence sur le bonheur public.

Sécurité de l'honnête homme, elle est l'effroi de la malveillance (1). Les rois auxquels elle a rendu d'importans services dans l'intérêt de la couronne, l'ont toujours honorée, et les peuples l'ont regardée, comme le secours du faible contre

(1) Sontibus undè tremor, civibus undè salus.

l'oppression du plus fort. Dès son origine, pendant cinq siecles, jusques à nos jours, elle a reçu un éclat qui ne s'est démenti que dans ces temps cruels, vrais temps de deuil pour tous les amis de l'humanité. Depuis ce Pierre de Cugnieres (1), qui défendit avec énergie les libertés de l'église gallicanne contre les entreprises de Rome jusqu'à aujourd'hui, les Daguesseau, les Séguyer, les Dambray, les Mourre, les Tringuelague, les Bellart, force et gloire de la magistrature, ont donné d'éclatans exemples d'indépendance, de savoir, de talens, de vertus, de noble courage.

Cependant cette magistrature, dans son influence même sur le bonheur public, serait bien dangereuse, si l'exercice n'en était pas régularisé par les plus saines théories. L'orgueil en son ivresse, l'inexpérience en ses légèretés, dans l'usage de ces droits, pourraient choisir à faux et frapper à tort les victimes de leurs erreurs. Fatales maladresses, qui, ajoutant aux rigueurs de la peine les fautes ou les duretés de la pratique, communiqueraient à l'état un ébranlement malheureux, et montreraient l'harmonie civile troublée par ceux là même qui devaient la raffermir. Ainsi les armes du pouvoir réservées

---

(1) Pierre de Cugnières vivait sous Philippe le-Bel, que des historiens ont prétendu être sévère justicier en gardant le droit à un chacun.

aux défenses communes, blesseraient, en s'agitant, les citoyens dont elles auraient dû écarter les périls.

Elles ressemblent d'ailleurs aux haches d'armes des anciens Francs qui, trop pesantes pour de jeunes mains, les blessaient aussi lorsque celles-ci étaient inhabiles à leur maniement.

Malheur à l'officier du ministère public qui ne connait pas la loi, ou qui la connait mal : ses écarts lui causeront de cuisans regrets! Malheur encore à celui qui la viole avec volonté. Cicéron sauva sa patrie, le sénat le salua du nom de père ; mais, dans cette occasion, il avait fait mourir des citoyens sans formes légales. Eh bien, lorsqu'il ne fut plus consul, Clodius fit passer cette loi: «Que celui qui aurait fait mourir un citoyen sans les formes ordinaires de la justice, serait interdit de l'eau et du feu.» C'était une mauvaise loi, puisqu'elle portait sur des faits passés, pourtant Cicéron fut contraint de s'exiler (1).

Honorons au contraire celui qui joint aux intentions d'une ame pure, aux sentimens exquis de l'équité, un choix de principes éclairés par l'étude des doctrines. Les hommes aimeront à lui confier le dépôt de leurs destinées, et son

---

(1) Optima lex est quæ minimùm relinquit arbitrio judicis, optimus judex qui minimum sibi. — Bacon.

nom sera béni; il aura rempli ce vœu de nos législateurs, exprimé au moment de la confection des codes et qui est le vœu de tous les temps.

« Puissent ceux à qui sera confiée l'exécution « des lois se pénétrer de toute l'importance de « leurs fonctions et assurer à leurs concitoyens « par leur activité et par leur prudence, une « heureuse tranquillité, premier objet des lois « criminelles comme elle est le premier bien de « la société. »

Souscription.

TRAITÉ

DE L'ACCUSATION JUDICIAIRE

EN FRANCE,

COMPRENANT les Matières criminelles antérieures au jugement définitif des tribunaux de répression, c'est-à-dire la Jurisprudence des procés-verbaux, des plaintes, des dénonciations, du flagrant délit, de l'action criminelle, du constat des crimes, des arrestations, de l'instruction des procés, de la mise en accusation, des contraventions, des délits, des crimes contre la chose publique, les personnes, les propriétés, les délits forestiers, des contraventions en matière de douanes et de contributions indirectes, des délits militaires et maritimes et autres régies par des lois spéciales.

PAR C.-J. ROBILLARD,

Magistrat, Juge au Tribunal de Gien.

IL est peu de magistrats qui, à leur avénement aux fonctions du ministère public ou à la charge du juge instructeur, n'aient désiré un livre où les leçons de leurs devoirs fussent tracées dans un ordre qui les mit à même d'en suivre l'exercice avec moins d'embarras et plus de sécurité. L'intelligence du droit est en effet insuffisante pour obtenir ces heureux résultats, si l'on n'y joint le discernement de choisir les principes et de les mettre en usage, discernement rare et précieux, qui ne peut être que le fruit d'une longue pratique.

Venir au secours de l'inexpérience, faciliter son travail par les dispositions de la méthode, et devancer les progrès que le temps amène, est sans doute une idée avantageuse que la science elle-même ne saurait rejeter avec indifférence, et l'ouvrage qui, en fixant par le rapprochement des principes et des arrêts de nos cours, la doctrine sur les incertitudes qui entravent les instructions criminelles, réaliserait cette conception, serait un ouvrage d'une utilité incontestable.

Tel est le but de celui que nous annonçons. Il compose un traité méthodique et par ordre de sujets suivant la pratique et le droit.

Sous ce titre de l'*Accusation judiciaire en France*, il réunit le système complet des instructions nécessaires pour que les accusations soient établies à même d'être jugées; dès-lors les diverses théories relatives aux matières criminelles concernant l'accusation judiciaire, c'est-à-dire les actes de procédure criminelle antérieurs au jugement définitif d'absolution ou d'acquittement des présumés coupables, y sont développés, sous des chapitres différens.

L'ordre par chapitre relatif à chaque fonctionnaire a été préféré comme plus naturel et comme étant celui du Code même.

Leur réunion forme deux volumes grand in-8, de 700 à 800 pages chaque volume.

Le premier a pour objet les attributions de la police judiciaire, telles qu'elles ont été réglées par le Code d'instruction criminelle ; le second a trait aux divers modes de surveillance, de poursuite et d'instruction des délits prévus par une législation pénale.

Ainsi, dans le premier livre, un chapitre préliminaire développe le système général de l'accusation, non tel qu'il est fixé, dans le langage de la loi; mais tel qu'il est établi par le fait, dans l'esprit de la législation. Les amis de la science y pourront trouver avec intérêt des notions historiques sur cette partie de la législation, résultat de longues recherches, et qui ne sont pas sans importance.

Les autres chapitres sont déterminés suivant les distinctions établies par l'art. 9 du Code d'instruction criminelle.

Celui du procureur du roi contient la théorie de l'action criminelle, ce qui comprend, 1° l'action publique et privée, les règles communes à l'une et à l'autre action, et les règles particulières à chacune d'elles; 2° l'*objet* de l'action criminelle, dès-lors l'appréciation des faits constitutifs d'un délit et de la tentative de ces mêmes faits et la compétence qu'ils entraînent; cette partie est traitée par tableaux alphabétiques, 1° des crimes, de leur législation et de leur jurisprudence; 2° des délits, de leur législation et de leur jurisprudence (celui des contraventions est présenté sous le titre des commissaires de police); 3° son *sujet*, telle la criminalité principale, la complicité, la responsabilité, les droits des étrangers en France, ceux des Français à l'étranger ; 4° son *but*, ce qui entraîne le mode de saisir les tribunaux chargés d'infliger les peines et les principes d'équité et de justice dans la pénalité; 5° les exceptions à l'action criminelle, *dilatoires*, quand le ministère public ne saurait agir d'office, et qu'il est obligé d'attendre une impulsion étrangère ou la solution de questions préjudicielles; les *déclinatoires*, quand le ministère public n'est pas compétent pour poursuivre. Tels sont certains faits, les uns commis dans les séminaires ou dans les colléges, les autres par des militaires et des marins; les *péremptoires*, quand l'action est éteinte par l'effet de la prescription de l'amnistie, de la chose jugée ; 6° la théorie des divers titres de l'action criminelle, tels que les procès-verbaux, l'avis civique, la dénonciation officielle, la plainte, le flagrant délit, etc.

Le chapitre du juge d'instruction comprend les théories relatives au constat des délits, aux arrestations, à l'exercice des mandats, à l'extradition dans les cas où elle est nécessaire, à l'usage des forces publiques, à l'interrogatoire, aux dépositions des témoins, à la liberté provisoire sous caution, aux diverses ordonnances que le juge peut rendre, au rapport fait à la chambre du conseil, et à la mise en liberté ou en prévention, etc.

Le chapitre des commissaires de police comprend les instructions sur la police simple et son action. Les faits de police y sont indiqués dans un répertoire par ordre alphabétique.

Les autres officiers de la police judiciaire trouveront à leur chapitre les règles des devoirs qu'ils ont à remplir en cette qualité, tels que les maires, les juges de paix, les officiers de gendarmerie, les gardes champêtres et forestiers, et les préfets.

Dans le second livre, le chapitre des employés des contributions indirectes contient le mode de constater les contraventions et fraudes en cette matière, la jurisprudence concernant les obligations des employés, leurs procès-verbaux, les fraudes, inscriptions de faux, etc.

Le chapitre des employés des douanes est conçu dans le même esprit.

Les réglemens relatifs à la gendarmerie nationale forment celui des gendarmes.

Celui de l'université est composé des lois d'exception qui favorisent cette corporation.

Les derniers chapitres concernent les instructions pour les délits militaires et maritimes, et diverses espèces de la législation criminelle.

C'est sans doute un ouvrage avantageux aux tribunaux que celui qui peut présenter dans un recueil les diverses branches des lois criminelles, par ordre de matière, et accompagnées d'observations qui en facilitent l'étude; mais un traité méthodique des règles du droit qu'elles composent, n'est pas moins important, dans l'intérêt de l'administration de la justice criminelle, et surtout de l'exercice du ministère public qui a l'initiative toujours si délicate à prendre dans toutes les affaires : sans doute, depuis le monarque de qui toute justice émane jusqu'à l'artisan qui peut avoir besoin d'en invoquer la faveur ou dont les écarts peuvent être réprimés par elles, les membres d'un état ont intérêt de connaître les lois criminelles; mais la science des détails qu'elles comportent est nécessaire, particulièrement à ceux qui exercent le sacerdoce de la loi. Le ministère public en a besoin pour diriger avec plus de sûreté et d'avantage l'action des poursuites ; l'avocat pour défendre les intérêts confiés à ses taleus, et les juges pour en faire une juste application.

Le Traité de l'Accusation judiciaire en France, 2 gros vol. grand in-8o, sera mis en vente en 4 livraisons ; prix de chaque partie, 6 francs.

On ne mettra l'ouvrage sous presse que lorsque les souscripteurs seront au nombre de deux cent cinquante.

On souscrit, sans rien payer à l'avance, chez Madame Seignot, libraire, quai Saint Michel, maison de la Lingère.

TABLE

DES MATIÈRES.

Pages.

www.ingramcontent.com/pod-product-compliance
Ingram Content Group UK Ltd.
Pitfield, Milton Keynes, MK11 3LW, UK
UKHW012028240726
13965UKWH00002B/637